COLECCIÓN

Grandes datos

GESTIÓN
DE
BIG DATA

Prof. Marcão - Marcus Vinícius Pinto

Renuncia:

Tenga en cuenta que la información contenida en este documento es solo para fines educativos y de entretenimiento. Se ha hecho todo lo posible para proporcionar información completa, precisa, actualizada y confiable. Ninguna garantía de ningún tipo es expresa o implícita.

Al leer este texto, el lector acepta que bajo ninguna circunstancia el autor es responsable de las pérdidas, directas o indirectas, incurridas como resultado del uso de la información contenida en este libro, incluidos, entre otros, errores, omisiones o inexactitudes.

ISBN: **9798311438971**

Pie de imprenta: Publicación independiente

Resumen.

1 Prefacio.

Bienvenido a la era del Big Data, donde los datos se han convertido en el corazón palpitante de las decisiones estratégicas y las transformaciones globales. Con volúmenes inimaginables de información que se generan cada segundo, la capacidad de administrar e interpretar estos datos no solo es un diferenciador competitivo, sino una necesidad fundamental para los profesionales y organizaciones que desean prosperar en un mundo cada vez más impulsado por los datos.

Este libro, " Gestión de Big Data ", es parte de la colección "Big Data" y está diseñado para atender a una audiencia diversa y ambiciosa, desde analistas de datos de nivel inicial hasta gerentes experimentados.

1.1 Público objetivo.

Está especialmente indicado para:

- Gerentes de TI y Analistas de Datos, que buscan entender las mejores prácticas para gestionar grandes volúmenes de información de manera eficiente.

- Profesionales de Inteligencia Artificial y Machine Learning, interesados en explorar cómo las estructuras de datos soportan soluciones tecnológicas avanzadas.

- Estudiantes e investigadores en tecnología, que deseen consolidar sus conocimientos sobre bases de datos relacionales y no relacionales, así como las herramientas de análisis y procesamiento más modernas.

- Emprendedores y tomadores de decisiones, que necesitan transformar los datos en información estratégica para impulsar su negocio.

1.2   ¿Por qué es esencial este libro?

Con un enfoque práctico y organizado, este trabajo ofrece una visión integral del universo Big Data. Desde los retos de gestionar grandes volúmenes de datos hasta las soluciones innovadoras que han convertido a las empresas en casos de éxito, cada capítulo ha sido cuidadosamente estructurado para proporcionar una base sólida y aplicable al lector.

A lo largo de los capítulos, encontrarás:

- Análisis profundo y ejemplos del mundo real: Comprenda cómo las empresas de diferentes industrias han superado los desafíos utilizando estrategias inteligentes de Big Data.

- Herramientas y comparaciones esclarecedoras: explore tecnologías como Hadoop, Apache Spark, MongoDB y servicios de almacenamiento en la nube, con explicaciones de sus usos y diferencias.

- Estrategias prácticas y trampas a evitar: Aprenda qué hacer y, lo que es más importante, qué no hacer al implementar soluciones de Big Data.

Con cada página, se le guiará a través de un viaje que va desde los fundamentos de las estructuras de datos hasta los secretos de la gestión eficaz, a través de orientación práctica, consejos valiosos y conocimientos basados en años de experiencia.

1.3   ¿Por qué comprar la colección?

Si este libro es el punto de partida para dominar la gestión de Big Data, la colección "Big Data" ofrece una inmersión aún más profunda en los diversos aspectos de esta fascinante área.

Desde la implementación hasta la administración y la gobernanza, cada volumen complementa al otro, creando una biblioteca indispensable para cualquiera que busque dominar el futuro de los datos.

Por lo tanto, prepárese para explorar, aprender y transformar su perspectiva sobre los datos. Este libro no es solo una lectura, sino un paso esencial hacia tu crecimiento personal y profesional.

Prof. Marcão - Marcus Vinícius Pinto

Maestría en Tecnologías de la Información
Especialista en Tecnologías de la Información.
Consultor, Mentor y Conferencista en Inteligencia Artificial,
Arquitectura de la Información y Gobierno de Datos.
Fundador, CEO, profesor y
asesora pedagógica en MVP Consult.

2 Gestión de Big Data.

El Big Data, como se ha comentado ampliamente en este libro, se está consolidando como un elemento clave en la forma en que las empresas son capaces de aprovechar la velocidad de la red para resolver problemas específicos con sus datos.

Pero, a pesar de todos los beneficios y ventajas de este enfoque ya tratados en este libro, el Big Data no vive aislado. En la siguiente figura se muestra la complejidad de la arquitectura de persistencia de Big Data.

Para lograr buenos resultados, las empresas deben ser capaces de combinar los resultados del análisis de Big Data con los datos existentes dentro de la empresa. Por lo tanto, no se puede pensar en Big Data de forma aislada de las fuentes de datos operativas.

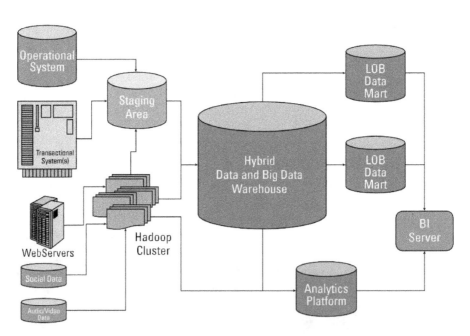

Arquitectura de persistencia de Big Data.

Hay varios servicios de datos operativos importantes en el mercado. Uno de los servicios más importantes que proporcionan las bases de datos operativas (también llamadas almacenes de datos) es la persistencia.

El servicio de persistencia garantiza que los datos almacenados en una base de datos no se modificarán sin permisos y que estarán disponibles mientras sean importantes para la empresa.

La importancia de este servicio es directamente proporcional a la fiabilidad esperada, porque ¿de qué sirve una base de datos si no se puede confiar en ella para proteger los datos que se escriben en ella?

Otro punto que merece análisis es el tipo de datos que la empresa quiere conservar, cómo puede acceder a ellos y actualizarlos, y cómo utilizarlos para tomar decisiones de negocio. En este nivel fundamental, la elección de los motores de base de datos es fundamental para el éxito general de la implementación de Big Data.

Durante los primeros días del almacenamiento persistente de datos, surgió un hito importante en la forma en que se organizaba y gestionaba la información: el sistema de gestión de bases de datos relacionales, también conocido como RDBMS.

Antes de la llegada de RDBMS, la industria informática hacía uso de técnicas que, en retrospectiva, pueden considerarse primitivas en términos de persistencia de datos. Estos enfoques iniciales a menudo implicaban estructuras de datos y métodos de almacenamiento que no eran tan eficientes o flexibles como los que se encuentran en los sistemas modernos de gestión de bases de datos.

Sin embargo, con la aparición de RDBMS, se estableció un nuevo paradigma de almacenamiento de datos. En lugar de enfoques lineales rígidos, RDBMS introdujo un modelo relacional, basado en tablas, columnas y relaciones definidas. Esto permitió una organización jerárquica y estructurada de los datos, lo que facilitó la gestión y el acceso a información compleja.

Además, RDBMS trajo consigo un lenguaje específico para la consulta de datos, conocido como SQL (Structured Query Language). Este lenguaje simplificó la interacción con la base de datos, lo que permitió a los usuarios realizar consultas complejas y manipular datos de manera más eficiente.

Con la aparición de RDBMS, las empresas han podido aprovechar la capacidad de almacenar grandes volúmenes de datos de manera organizada y segura. Esta tecnología ha revolucionado la forma en que las empresas gestionan la información, permitiendo crear aplicaciones más robustas y de mayor rendimiento.

Sin embargo, es importante destacar que el RDBMS, a pesar de ser un avance significativo, sigue evolucionando. Han surgido nuevas tecnologías, como las bases de datos NoSQL y los sistemas de gestión de datos distribuidos, para satisfacer las crecientes demandas de escalabilidad y flexibilidad.

Estas tecnologías, junto con el avance de la computación en la nube y la utilización de arquitecturas distribuidas, están dando forma al futuro del almacenamiento de datos persistente. La era digital en la que vivimos exige soluciones cada vez más sofisticadas y adaptables, capaces de hacer frente a la inmensidad de la información que se genera a diario.

El problema de reemplazar el almacenamiento de datos adquiere una gran dimensión cuando se compara con la idea de "cambiar los motores de un avión en pleno vuelo". Antes de 1980, el almacenamiento de datos se realizaba predominantemente a través de mecanismos como "archivos planos" o "redes".

Si bien estos métodos fueron útiles en su día, tenían una limitación significativa: requerían que los programadores escribieran programas personalizados para manipular cada conjunto de datos.

Este enfoque personalizado de la manipulación de datos supuso una carga de trabajo adicional para los programadores, ya que tenían que desarrollar y mantener programas específicos para cada tipo de datos que querían almacenar. Esto no solo consumía tiempo y recursos, sino que también hacía que el proceso fuera propenso a errores y difícil de adaptar a las demandas cambiantes y a las estructuras de datos.

La aparición de los sistemas de gestión de bases de datos relacionales (RDBMS) representó una solución significativa a este problema. Estos sistemas introdujeron un paradigma innovador, basado en un enfoque relacional a través de tablas, columnas y relaciones definidas. De esta manera, fue posible almacenar los datos de una manera más organizada y estructurada, reduciendo la necesidad de programación personalizada para manipularlos.

Con RDBMS, los programadores ahora podían usar un lenguaje estandarizado, como SQL, para realizar consultas y manipulaciones en sus datos. Esto ha aportado una mayor eficiencia, flexibilidad y facilidad de uso, lo que permite a las empresas centrarse más en la lógica empresarial y menos en la complejidad de manipular directamente los datos.

RDBMS aportó características avanzadas como la integridad referencial, la atomicidad, la coherencia, el aislamiento y la durabilidad (ACID) de las transacciones y la optimización de consultas. Estas funcionalidades adicionales han mejorado tanto la fiabilidad como el rendimiento del almacenamiento y la recuperación de datos, proporcionando un entorno de trabajo más seguro y eficaz para las empresas.

Sin embargo, es importante tener en cuenta que reemplazar el almacén de datos existente por un nuevo sistema no es trivial. El proceso de migración de datos puede ser complejo y requiere una planificación cuidadosa. Es como cambiar los motores de un avión en pleno vuelo, ya que cualquier interrupción o fallo en el proceso puede provocar la pérdida de datos o incluso el colapso completo del sistema.

En este sentido, muchas organizaciones se enfrentan al reto de modernizar sus sistemas de almacenamiento de datos sin interrumpir las operaciones en curso. Se pueden adoptar estrategias como la migración gradual y por fases para minimizar los riesgos y garantizar una transición fluida.

En las últimas décadas, también han surgido nuevas tecnologías y enfoques para el almacenamiento de datos, ampliando el horizonte más allá del modelo relacional de RDBMS. Las bases de datos NoSQL, por ejemplo, ofrecen alternativas flexibles y escalables al almacenamiento de datos, especialmente en escenarios donde hay una amplia variedad de tipos de datos o requisitos de escalabilidad horizontal.

Además, el uso de sistemas distribuidos, como Hadoop y otros frameworks similares, permite el procesamiento y almacenamiento de grandes volúmenes de datos en clústeres de servidores, aprovechando la capacidad de procesamiento en paralelo. Estas soluciones son especialmente adecuadas para manejar el crecimiento exponencial de los datos en el mundo digital moderno.

Con la llegada del Big Data, se ha producido un aumento significativo en el volumen, la variedad y la velocidad de los datos generados por las organizaciones. Este nuevo panorama ha traído consigo importantes retos para la gestión de los sistemas de bases de datos relacionales (RDBMS), haciendo que su complejidad sea aún mayor.

Una de las principales complicaciones es lidiar con el crecimiento exponencial en el volumen de datos. Mientras que los RDBMS tradicionales fueron diseñados para manejar conjuntos de datos de tamaño moderado, el Big Data supera con creces estas capacidades.

Las empresas de diversos sectores, como el comercio minorista, las finanzas, la sanidad y los medios de comunicación, se enfrentan a la necesidad de almacenar, procesar y analizar petabytes o incluso exabytes de datos.

Esta masa de información requiere un enfoque diferente, ya que los RDBMS convencionales pueden tener limitaciones en términos de escalabilidad. Es en este contexto donde surgen tecnologías como las bases de datos NoSQL (Not Only SQL) y los sistemas de gestión de flujo de datos en tiempo real. Estas soluciones están diseñadas para manejar grandes volúmenes de datos y permitir una escalabilidad horizontal eficiente mediante la distribución del procesamiento y el almacenamiento en múltiples servidores.

Además del volumen, la variedad de datos es otro de los retos que plantea el Big Data. Mientras que los RDBMS tradicionales trabajan con esquemas bien definidos y estructuras de tablas regulares, el Big Data trae consigo la necesidad de tratar con diferentes formatos de datos, como texto, imágenes, audio, vídeo, datos de sensores, redes sociales, entre otros. Esta diversidad requiere la adopción de tecnologías de almacenamiento y procesamiento que puedan manejar esquemas flexibles y semánticas variadas.

La velocidad a la que se producen y deben procesar los datos también es un factor crítico del Big Data. Con la necesidad de análisis en tiempo real, los sistemas de gestión de bases de datos deben ser capaces de manejar altas tasas de ingesta de datos y ofrecer resultados rápidamente. La latencia se convierte en un desafío y puede alcanzar niveles críticos cuando se trata de procesar datos en tiempo real.

Para hacer frente a estos desafíos, han surgido tecnologías y soluciones específicas para la gestión de Big Data. Los sistemas de procesamiento distribuido, como Hadoop y Spark, permiten el procesamiento paralelo de grandes conjuntos de datos entre clústeres de servidores. Estas plataformas escalables y tolerantes a fallos están especialmente diseñadas para manejar la complejidad y el volumen de los grandes volúmenes de datos.

Además, las bases de datos NoSQL, como las basadas en documentos, las basadas en columnas, las basadas en gráficos y las bases de datos de clave-valor, ofrecen flexibilidad y escalabilidad para manejar diversos tipos de datos y altas demandas de acceso. Estas soluciones no siguen el modelo relacional de RDBMS, permitiendo una estructuración más flexible y adaptable a las necesidades del Big Data.

Sin embargo, al adoptar estas nuevas tecnologías, las organizaciones se enfrentan al reto añadido de integrar y gestionar múltiples sistemas de gestión de datos. La complejidad aumenta a medida que los datos se dispersan en diferentes plataformas, y es necesario garantizar la coherencia y la integridad en todo el ecosistema de datos.

La seguridad también es un aspecto crítico que gana mayor complejidad con el Big Data. El aumento del volumen y la variedad de datos trae consigo un mayor riesgo y la necesidad de adoptar medidas de protección más robustas. La gestión adecuada del acceso, el cifrado de datos y la implementación de políticas de seguridad se vuelven esenciales para evitar violaciones de datos confidenciales.

2.1   Desafíos.

La llegada del Big Data trajo consigo una nueva serie de retos para la gestión de los sistemas de bases de datos relacionales. El aumento en el volumen, la variedad y la velocidad de los datos ha requerido la adopción de tecnologías y soluciones específicas, como las bases de datos NoSQL y los sistemas de procesamiento distribuido.

Sin embargo, la creciente complejidad de la gestión de big data requiere un enfoque cuidadoso y estratégico para garantizar una integración, seguridad y rendimiento eficientes. Es esencial que las organizaciones comprendan el panorama en constante evolución de

Big Data y estén dispuestas a invertir en recursos y experiencia para abordar sus desafíos.

Es crucial implementar estrategias adecuadas para hacer frente a la complejidad de la gestión de RDBMS frente al Big Data. Esto incluye la integración de sistemas, la adopción de soluciones de almacenamiento y procesamiento distribuidos, y el uso de técnicas avanzadas de seguridad y gobernanza de datos.

La integración de sistemas es un aspecto clave para garantizar que los datos estén disponibles y sean accesibles en todo el entorno de big data. Esto incluye la creación de tuberías de datos eficientes, la conexión de diferentes fuentes y sistemas de gestión, con el fin de garantizar la integridad y la calidad de los datos durante todo el proceso.

Además, es necesario adoptar soluciones de almacenamiento y procesamiento distribuido que puedan manejar la escala y la velocidad del Big Data. Esto implica el uso de clústeres de servidores, donde el procesamiento se distribuye y se paraleliza, lo que permite una mayor capacidad para manejar grandes volúmenes de datos y proporcionar resultados en tiempo real.

Tampoco se puede descuidar la seguridad de los datos en el contexto del Big Data. Con la diversidad y cantidad de datos involucrados, es esencial implementar medidas de seguridad efectivas. Esto incluye autenticar y autorizar el acceso a los datos, cifrar la información confidencial e implementar prácticas sólidas de ciberseguridad.

Además, la gobernanza de datos desempeña un papel crucial en la gestión de RDBMS en el contexto de Big Data. Es necesario establecer políticas y prácticas que garanticen la calidad, la coherencia y el cumplimiento de los datos. Esto implica definir estándares de nomenclatura, implementar procesos de calidad de datos y establecer reglas de gobernanza claras para garantizar la confiabilidad e integridad de la información.

La gestión de big data se ha convertido en un reto cada vez más complejo en el mundo actual. Con el crecimiento exponencial de la cantidad de datos disponibles, las empresas tienen que hacer frente a una serie de obstáculos para extraer valor y obtener información significativa de esta información. En este artículo, exploraremos algunos de los desafíos más comunes que se enfrentan en la gestión de big data y las posibles soluciones para superarlos.

Uno de los primeros retos de la gestión de big data es la correcta recopilación y almacenamiento de datos. Con la diversidad de fuentes de datos, como redes sociales, sensores, transacciones financieras, entre otros, es importante contar con un sistema robusto para capturar y almacenar toda esta información. Esto requiere una infraestructura de hardware y software adecuada, una planificación de la capacidad y estrategias de copia de seguridad eficientes.

Otro desafío importante es lidiar con la variedad de datos. El big data suele estar formado por información estructurada y no estructurada, como texto, imágenes, vídeos y audio. La gestión eficaz de big data implica la capacidad de integrar, procesar y analizar todos estos tipos de datos de manera eficiente. Esto puede requerir el uso de herramientas avanzadas de procesamiento de lenguaje natural, reconocimiento de patrones y aprendizaje automático.

Además, la velocidad de los datos es un aspecto crítico en la gestión de big data. A menudo, los datos se generan en tiempo real o a alta frecuencia, lo que requiere sistemas capaces de procesar y analizar esta información de manera oportuna. La tecnología de procesamiento en tiempo real, como las bases de datos NoSQL y los marcos de procesamiento de datos de flujo, se puede utilizar para abordar estos desafíos.

La veracidad de los datos también es un reto importante. Con el gran volumen de información disponible, es fundamental garantizar la calidad y la integridad de los datos. Los errores, las duplicaciones o las incoherencias pueden comprometer la fiabilidad de la información y tomar decisiones basadas en datos incorrectos. La implementación de prácticas de calidad de datos, como la validación, la depuración y la estandarización, es esencial para garantizar la veracidad de los datos y la fiabilidad de los análisis.

Otro reto importante en la gestión de big data es el tema de la privacidad y la seguridad. Con grandes volúmenes de datos, a menudo sensibles, las empresas deben adoptar medidas estrictas para proteger esta información de accesos no autorizados, violaciones de la privacidad y ciberataques. Estrategias como el cifrado, la autenticación y la supervisión constante ayudan a minimizar estos riesgos al tiempo que garantizan la confidencialidad y la integridad de los datos.

Además de los desafíos técnicos, la gestión de big data también implica cuestiones organizativas y culturales. Se necesita un esfuerzo de colaboración y comunicación entre diferentes departamentos y equipos para garantizar que todos estén alineados con las estrategias de gestión de big data. También es fundamental promover la concienciación y la educación sobre la importancia de los datos y la adopción de una mentalidad basada en datos en toda la organización.

Por último, uno de los retos más complejos en la gestión de big data es el análisis e interpretación de los datos. Con grandes volúmenes de información, es necesario emplear técnicas avanzadas de análisis de datos, como la minería de datos, la inteligencia artificial y el aprendizaje automático, para obtener información relevante y procesable. Las empresas deben invertir en talento especializado en analítica de datos y herramientas avanzadas para convertir estos datos brutos en conocimiento útil para la toma de decisiones estratégicas.

2.2   Profesiones.

La gestión de big data se ha convertido en un campo en crecimiento, impulsado por el gran volumen de datos que se generan a diario. Esta área requiere un número de profesionales altamente especializados y calificados para hacer frente a los desafíos y demandas del panorama actual de datos. En este texto, exploraremos algunas de las profesiones más comunes involucradas en la gestión de big data.

1 Científico de datos: El científico de datos es un profesional esencial en el campo del big data. Es responsable de recopilar, organizar y analizar grandes conjuntos de datos para extraer información y conocimientos significativos. Este profesional cuenta con habilidades en matemáticas, estadística, programación y conocimientos de herramientas de análisis de datos. También desempeña un papel crucial en la identificación de patrones, tendencias y en la creación de modelos predictivos y algoritmos.

2 Ingeniero de datos: El ingeniero de datos es responsable de diseñar y construir la infraestructura necesaria para almacenar, procesar y gestionar grandes volúmenes de datos. Trabaja en estrecha colaboración con científicos de datos y desarrolladores de software para garantizar que los datos se recopilen e integren de manera eficiente. Además, el ingeniero de datos también es responsable de la supervisión, la seguridad y la escalabilidad de los sistemas de big data.

3 Arquitecto de datos: El arquitecto de datos es responsable del diseño y la implementación de la estructura de datos que permite la captura, el almacenamiento y el procesamiento eficientes de datos en una organización. Trabaja en colaboración con otros equipos, como el de desarrollo de software, infraestructura y seguridad, para garantizar que los sistemas de big data satisfagan las necesidades de la organización. El arquitecto de datos es responsable de decidir la mejor manera de organizar los datos y establecer estándares y directrices para su uso.

4 Analista de datos: El analista de datos es responsable de analizar e interpretar los datos para proporcionar información valiosa para la toma de decisiones. Utiliza técnicas estadísticas y herramientas de visualización de datos para identificar tendencias, patrones e

información relevantes. El analista de datos trabaja en estrecha colaboración con otros equipos, como los científicos de datos y el sector empresarial, para comprender las necesidades y los objetivos de la organización y traducir esa información en análisis procesables.

5   Gerente de proyectos de Big Data: El gerente de proyectos de Big Data es responsable de supervisar y coordinar todos los aspectos de los proyectos relacionados con Big Data en una organización. Es responsable de planificar, ejecutar y monitorear los proyectos, asegurando que se completen dentro del tiempo y presupuesto establecidos. Además, el gestor de proyectos de big data también se encarga de la gestión de recursos, la comunicación entre equipos y la resolución de problemas.

6   Especialista en seguridad de datos: Dada la importancia de los datos y las crecientes preocupaciones sobre la privacidad, un especialista en seguridad de datos es fundamental para proteger la información confidencial de la organización. Es responsable de implementar medidas de seguridad, como cifrado, autenticación, control de acceso y monitoreo constante, para prevenir violaciones de datos y garantizar el cumplimiento de las regulaciones de privacidad.

7   Especialista en visualización de datos: Un especialista en visualización de datos es responsable de transformar los resultados de los análisis en representaciones visuales comprensibles e impactantes. Utiliza técnicas de diseño, gráficos y herramientas de visualización para comunicar información compleja de forma clara y eficaz. El uso de visualizaciones de datos ayuda a los equipos empresariales a comprender la información generada y a tomar decisiones más informadas.

8   8. Administrador de la base de datos: El administrador de la base de datos es responsable de instalar, configurar, mantener y monitorear las bases de datos que almacenan los datos de big

data. Debe tener conocimientos técnicos en diferentes tecnologías de bases de datos, como Hadoop, NoSQL y SQL, para garantizar el rendimiento y disponibilidad de los sistemas. El administrador de la base de datos también es responsable de crear políticas para la copia de seguridad, la recuperación y la seguridad de los datos almacenados en las bases de datos.

Estas son solo algunas de las profesiones involucradas en la gestión de big data. A medida que el campo continúa evolucionando, surgen nuevos roles y especializaciones para satisfacer las demandas específicas de las organizaciones. Es importante tener en cuenta que para tener éxito en la gestión de big data, las habilidades técnicas son esenciales, como los conocimientos de programación, estadística y análisis de datos. Sin embargo, las habilidades interpersonales, como la capacidad de colaborar, comunicarse y trabajar en equipo, también desempeñan un papel importante en la gestión eficaz de big data.

A medida que la cantidad de datos sigue creciendo exponencialmente, la gestión de big data se convierte en un campo cada vez más relevante. Las profesiones involucradas en la gestión de big data desempeñan un papel clave en la recopilación, organización, análisis e interpretación de datos para proporcionar información procesable a las organizaciones. Estos profesionales especializados son esenciales para ayudar a las empresas a tomar decisiones informadas, identificar oportunidades de negocio e impulsar la innovación en un mundo basado en datos.

2.3   Ejemplos de éxito.

Existen numerosos ejemplos de organizaciones que han implementado con éxito la gestión de big data y han destacado como referentes en este ámbito. A continuación se muestran algunos ejemplos de empresas que han utilizado big data de manera eficiente y han logrado resultados significativos:

1   Netflix: Netflix es un ejemplo clásico de cómo el uso estratégico de big data puede transformar un negocio. La empresa recopila una gran cantidad de datos de sus usuarios, como el historial de visualización, las preferencias de género, las calificaciones y el tiempo de reproducción. A partir de estos datos, son capaces de personalizar las recomendaciones y ofertas para cada usuario de una manera muy precisa, aumentando la satisfacción del cliente y disminuyendo la tasa de bajas. Además, Netflix utiliza la analítica para optimizar la producción de contenidos, analizando los datos de audiencia para desarrollar series y películas de éxito.

2   Amazon: Amazon es otra empresa famosa por su uso intensivo de big data. A través del análisis de los datos de compra, el historial de navegación y el comportamiento del usuario, Amazon es capaz de personalizar la experiencia de compra de cada cliente. Ofrece recomendaciones personalizadas, ofertas especiales y sugerencias de productos basadas en las preferencias y el historial de compras de los usuarios. Además, Amazon también utiliza el big data para mejorar la eficiencia logística, predecir las demandas y optimizar su cadena de suministro.

3   Google: Google es un ejemplo clásico de cómo se puede aplicar la gestión de big data a gran escala. Al indexar y analizar una gran cantidad de información en línea, Google proporciona resultados de búsqueda altamente relevantes y personalizados para cada usuario. Además, la empresa utiliza el big data para mejorar la segmentación de los anuncios proporcionando anuncios relevantes basados en el perfil del usuario. Google también utiliza

big data para analizar videos en YouTube, traducir textos en tiempo real y mejorar su oferta de servicios en diversas áreas.

4   Procter & Gamble: Procter & Gamble es una de las compañías de bienes de consumo más grandes del mundo y ha estado utilizando big data estratégicamente para impulsar la innovación y el desarrollo de productos. La empresa recopila una variedad de datos, incluidos los comentarios de los consumidores, la información de ventas y los datos de investigación de mercado. Sobre la base de estos datos, Procter & Gamble lleva a cabo análisis detallados para identificar las necesidades de los clientes, anticipar tendencias y desarrollar nuevos productos de manera más eficiente. Este enfoque basado en datos permite a la empresa tomar decisiones más informadas y mejorar la satisfacción del cliente.

5   Walmart: Walmart es conocido por ser uno de los pioneros en el uso de big data en la gestión del comercio minorista. La empresa recopila y analiza datos de ventas, inventario, preferencias de los clientes e incluso datos meteorológicos para optimizar su cadena de suministro, mejorar la eficiencia operativa y aumentar la rentabilidad. Utilizando algoritmos avanzados, Walmart puede predecir la demanda, determinar los productos más populares en ciertas áreas geográficas y ajustar sus precios en tiempo real.

Estos son solo algunos ejemplos de empresas que han tenido éxito en la gestión de big data y han logrado resultados significativos. El éxito de estas empresas se debe a su capacidad para recopilar, almacenar y analizar estratégicamente grandes volúmenes de datos, lo que da como resultado información valiosa que impulsa la toma de decisiones informadas y la mejora empresarial. Estos ejemplos muestran cómo el uso eficiente de big data puede proporcionar una ventaja competitiva y contribuir al éxito sostenible de una organización.

2.4   Dificultades.

Una gestión inadecuada puede dar lugar a grandes problemas y retos importantes cuando se trata de Big Data. Estos son algunos ejemplos de empresas que se han enfrentado a problemas relacionados con el uso de Big Data:

1   Cambridge Analytica: Cambridge Analytica fue una empresa de análisis de datos que se enfrentó a una gran controversia en 2018. Se reveló que la compañía hizo un mal uso de los datos personales de millones de usuarios de Facebook, recopilados por una aplicación de pruebas psicológicas. Este episodio ha suscitado preocupaciones sobre la privacidad y la forma en que las empresas de big data manejan la información confidencial de los usuarios.

2   Equifax: Equifax es una agencia de informes crediticios que, en 2017, sufrió una de las mayores filtraciones de datos de la historia. Los piratas informáticos explotaron una vulnerabilidad en el sistema de una empresa y robaron información personal de aproximadamente 147 millones de personas. Este incidente demostró la importancia de la ciberseguridad y la correcta protección de datos en las empresas que manejan Big Data.

3   Uber: Uber, una empresa de transporte, se enfrentó a desafíos relacionados con la privacidad de los datos de los usuarios. En 2016, se reveló que la compañía tenía la práctica de rastrear la ubicación de los usuarios incluso después de que se completó el viaje. Esto ha suscitado preocupaciones sobre la privacidad de los pasajeros y la forma en que la empresa gestiona y protege los datos recopilados.

4   Boeing: Boeing, un fabricante de aviones, se enfrentó a un grave problema en 2019 con el lanzamiento de su modelo 737 Max. La tragedia del vuelo de Lion Air y del vuelo de Ethiopian Airlines con este modelo de avión se atribuyó a fallos en el sistema de control de vuelo, que estaban relacionados con problemas con los sensores y el análisis de datos. Esto pone de manifiesto la

importancia de garantizar la calidad y la precisión de los datos utilizados en los sistemas críticos.

5   Target: Target, una de las cadenas minoristas más grandes de los Estados Unidos, tenía un desafío relacionado con la segmentación de clientes mediante el uso de Big Data. En 2012, la empresa identificó a las mujeres embarazadas en función de los patrones de compra y les envió anuncios específicos. Sin embargo, hubo un caso en el que una adolescente embarazada recibió estos anuncios antes de que incluso le contara a su familia sobre su embarazo. Este incidente ha suscitado preocupaciones sobre la ética y la privacidad, planteando preguntas sobre cómo las empresas utilizan y segmentan los datos de los clientes.

Estos ejemplos ilustran los retos del mundo real a los que se enfrentan las empresas que se enfrentan a Big Data. Estas situaciones ponen de manifiesto la importancia de la privacidad, la ciberseguridad, la exactitud de los datos, la ética y la interpretación adecuada de la información. Es esencial que las empresas sean conscientes de estos problemas y tomen medidas para abordarlos de manera responsable y eficaz.

2.5   Requisitos.

El éxito de la gestión de Big Data requiere la consideración de varias limitaciones. Estos factores son esenciales para garantizar que las organizaciones puedan extraer el mayor valor de sus datos y superar los desafíos asociados con la gestión de grandes volúmenes de información. Estas son algunas de las limitaciones clave para una gestión eficaz de Big Data:

1   Estrategia clara y objetivos definidos: Antes de incursionar en la gestión de Big Data, es fundamental establecer una estrategia clara y definir los objetivos que la organización quiere alcanzar. Esta estrategia debe enfatizar cómo el big data se alinea con los objetivos comerciales, identificar casos de uso relevantes y establecer métricas para medir el éxito.

2   Infraestructura y tecnología adecuadas: Es necesaria una infraestructura robusta y tecnológicamente avanzada para manejar grandes volúmenes de datos. La organización necesita invertir en hardware, redes y software que respalden la recopilación, el almacenamiento y el procesamiento eficientes de big data. Esto puede incluir sistemas de almacenamiento en la nube, servidores de alto rendimiento y herramientas de análisis de datos.

3   Recopilación e integración de datos de calidad: La gestión de Big Data implica la recopilación de datos de múltiples fuentes. Es esencial garantizar que estos datos sean fiables, precisos y de calidad. La organización debe implementar procesos para validar, limpiar e integrar los datos con el fin de garantizar que sean útiles y confiables para análisis futuros.

4   Seguridad y privacidad de los datos: La seguridad de los datos es un aspecto vital para el éxito de la gestión de Big Data. Las organizaciones deben adoptar medidas de ciberseguridad adecuadas para proteger los datos de amenazas y ataques. Además, es necesario garantizar que se respete la privacidad de los datos personales, en cumplimiento de la normativa y directrices aplicables, como la Ley General de Protección de Datos (LGPD).

5   Capacidades analíticas avanzadas: La gestión exitosa de Big Data requiere habilidades analíticas avanzadas. Es importante contar con profesionales capacitados que puedan explorar y analizar datos de manera eficiente. Esto puede implicar la contratación de científicos de datos, analistas de datos e ingenieros de aprendizaje automático que tengan conocimientos y experiencia en el manejo y la explotación de grandes volúmenes de datos.

6   Cultura basada en datos: Una cultura empresarial basada en datos es un factor crítico para el éxito de la gestión de Big Data. La organización debe fomentar la toma de decisiones basada en

datos, fomentar la colaboración entre los equipos de datos y de negocio, e invertir en educación y desarrollo de habilidades relacionadas con los datos en toda la empresa. Esto implica crear una mentalidad sobre cómo se puede utilizar el Big Data para obtener información y respaldar decisiones informadas.

7   Gobernanza de datos: La gobernanza de datos es un aspecto esencial de la gestión eficaz de Big Data. Esto incluye el establecimiento de políticas, procesos y estándares para garantizar que los datos se administren de manera adecuada, segura y ética. La gobernanza de datos también implica el establecimiento de jerarquías de responsabilidad, la definición de roles y responsabilidades relacionados con los datos y la implementación de sistemas de auditoría para monitorear el uso y el acceso a los datos.

8   Escalabilidad y flexibilidad: El Big Data se caracteriza por su crecimiento exponencial. Por lo tanto, una gestión exitosa de big data requiere un enfoque escalable que pueda manejar volúmenes de datos cada vez mayores. La organización debe invertir en infraestructura que pueda escalarse fácilmente y adaptarse a las necesidades cambiantes.

9   Aprendizaje y mejora continua: La gestión de Big Data es un proceso continuo de aprendizaje y mejora. Las organizaciones deben estar abiertas a experimentar con nuevos enfoques, tecnologías y técnicas analíticas. Además, es importante monitorear y evaluar constantemente los resultados y métricas para identificar oportunidades de mejora y ajuste de la estrategia de Big Data.

10   Cumplimiento normativo: El cumplimiento normativo es un factor crítico, especialmente cuando se trata de datos sensibles o personales. Las organizaciones deben asegurarse de que cumplen con las leyes y regulaciones de protección de datos, como el GDPR en la Unión Europea o la LGPD en Brasil. Esto implica obtener el

consentimiento adecuado para la recopilación y el procesamiento de datos, así como garantizar la seguridad y privacidad de esta información.

La gestión exitosa de big data requiere un enfoque holístico que tenga en cuenta varios factores. Desde la definición de una estrategia clara y objetivos bien definidos hasta la implementación de una infraestructura tecnológica adecuada, incluyendo la seguridad de los datos y una cultura data-driven, todas estas limitaciones son clave para garantizar que las organizaciones puedan aprovechar al máximo los beneficios del Big Data y superar los retos asociados a la gestión de grandes volúmenes de información.

Al abordar estas limitaciones de manera adecuada, las organizaciones estarán bien posicionadas para realizar análisis significativos, tomar decisiones basadas en datos y obtener información valiosa para impulsar el crecimiento y la innovación.

3   Big Data y estructuras de datos relacionadas.

Una de las principales preocupaciones cuando se trata de Big Data es la forma en que se almacenan y organizan los datos. La estructura de datos elegida es fundamental para garantizar la eficiencia y agilidad en el manejo de estas grandes cantidades de información.

Estos datos se capturan de diferentes fuentes, como dispositivos inteligentes, sensores, redes sociales, transacciones financieras y más. Lidiar con Big Data requiere estrategias eficientes de gestión y análisis, así como estructuras de datos adecuadas para organizar y almacenar esta información.

Una de las estructuras de datos más utilizadas para gestionar Big Data es la base de datos relacional. Este modelo ha sido ampliamente conocido y utilizado durante décadas, y se caracteriza por la organización de los datos en tablas, donde la información se almacena en filas y columnas. El uso de claves primarias y foráneas garantiza la integridad de las relaciones entre los datos.

Sin embargo, para algunas aplicaciones y escenarios relacionados con Big Data, el modelo relacional puede no ser el más adecuado. Esto se debe a que, en muchos casos, el Big Data se caracteriza por un gran volumen, una alta velocidad de generación y variedad de datos, lo que puede dificultar el modelado y la realización de consultas en un sistema relacional tradicional.

En estos casos, surgen alternativas como las bases de datos NoSQL (Not Only SQL). Estos sistemas están diseñados para manejar la escalabilidad y flexibilidad requeridas por el Big Data. Ofrecen modelos de almacenamiento diferentes a los de las bases de datos relacionales, como las bases de datos de documentos, columnas o gráficos.

Por ejemplo, en los sistemas de recomendación de productos, los marcos NoSQL se pueden utilizar para almacenar información personalizada para cada usuario, lo que permite una recuperación rápida de las recomendaciones de acuerdo con su historial y preferencias.

En el caso de una aplicación de redes sociales que necesita almacenar grandes cantidades de datos del usuario, como información personal, fotos, historial de actividad y conexiones de red. Una base de datos relacional puede tener dificultades para manejar la variedad y el volumen de estos datos, así como la necesidad de un acceso rápido a la información específica del usuario. En este caso, una base de datos NoSQL, como MongoDB o Cassandra, puede ser una opción más adecuada. Estas bases de datos ofrecen escalabilidad horizontal, alto rendimiento de lectura y escritura, y soporte para datos no estructurados o semiestructurados.

Otro ejemplo es el uso de bases de datos NoSQL en sistemas de análisis de datos en tiempo real. Supongamos que una empresa de comercio electrónico desea monitorear y analizar los datos de navegación de sus clientes en tiempo real para ofrecer recomendaciones personalizadas de productos.

La elección de la estructura de datos adecuada depende de las necesidades específicas de cada proyecto, teniendo en cuenta factores como el volumen, la velocidad y la variedad de los datos, así como la complejidad de los análisis a realizar. El desafío radica en identificar el marco ideal que pueda manejar de manera eficiente Big Data y obtener información valiosa de estas inmensas cantidades de información.

3.1   Bases de datos relacionales.

Los sistemas de gestión de bases de datos relacionales (RDBM) se utilizan ampliamente para almacenar y gestionar datos estructurados. Estos sistemas están compuestos por tablas, que son representaciones de estructuras de archivos, y a través de una o más relaciones entre estas tablas, es posible establecer conexiones y relaciones entre los datos.

La estructura de una tabla en un RDBMS está definida por las columnas que la componen. Cada columna representa un campo específico de los datos y, por lo general, tiene un tipo de datos asociado, como número, texto, fecha, etc. Estas columnas se utilizan para almacenar los datos de forma organizada y accesible. A su vez, las filas de la tabla contienen los valores de los campos correspondientes, es decir, los datos reales que se almacenan.

Una característica importante de las bases de datos relacionales es la definición de una clave principal para cada tabla. La clave principal es una columna o un conjunto de columnas que identifica de forma única cada registro de la tabla. El uso de la clave principal es esencial para garantizar la integridad de los datos y permitir que operaciones como la actualización y eliminación de registros se lleven a cabo con precisión.

Un principio esencial para lograr la coherencia y el valor de la base de datos es la "normalización" de los datos. La normalización es un proceso de diseño de bases de datos que tiene como objetivo eliminar la redundancia y la incoherencia organizando la información en tablas de forma estructurada. Esto implica descomponer los datos en diferentes tablas y definir relaciones entre ellas, en función de dependencias funcionales y reglas de integridad.

Al normalizar los datos, es posible lograr una estructura más eficiente y flexible, asegurando la consistencia e integridad de los datos almacenados. También facilita el mantenimiento y la actualización de datos, así como la optimización de las operaciones de consulta y análisis.

La normalización de datos implica la aplicación de diferentes formas normales (1NF, 2NF, 3NF, etc.) para llegar a un formato compartido y consensuado, donde los datos se organizan según sus dependencias funcionales y sin redundancias innecesarias. Esto significa que cada dato se almacena una sola vez y en una ubicación adecuada, evitando duplicaciones e inconsistencias.

Al normalizar los datos, las bases de datos relacionales pueden obtener beneficios significativos. En primer lugar, la normalización ayuda a reducir el espacio de almacenamiento necesario, ya que los datos se organizan de forma compacta y sin repeticiones innecesarias. Además, la normalización facilita la actualización de los datos, ya que los cambios deben realizarse solo en una ubicación específica, lo que evita errores e inconsistencias.

Otra ventaja de la normalización es la mejora del rendimiento de las consultas a la base de datos. Debido a que está organizado en tablas relacionadas, el acceso a los datos se vuelve más eficiente, lo que permite que las consultas se ejecuten de manera más rápida y precisa. Además, la normalización permite un análisis más eficiente de los datos, permitiendo la extracción de información valiosa a través de consultas complejas y cruces de información.

Sin embargo, es importante mencionar que la normalización de datos es un proceso que requiere un análisis cuidadoso y un equilibrio entre la estructura de la base de datos y las necesidades de uso y rendimiento. En algunos casos, la normalización excesiva puede provocar un aumento en la complejidad de las consultas y afectar negativamente al rendimiento del sistema. Por lo tanto, es fundamental encontrar un equilibrio adecuado, teniendo en cuenta las peculiaridades y necesidades específicas de cada contexto.

Las bases de datos relacionales, basadas en tablas y relaciones, están estructuradas de tal manera que organizan y almacenan datos de manera eficiente. La clave principal y la normalización de los datos son elementos clave para garantizar la coherencia, la integridad y el valor de la base de datos. A través de este proceso, los datos se transforman en un formato compartido y acordado, eliminando redundancias innecesarias y permitiendo un acceso más eficiente y preciso a la información.

A lo largo de los años, SQL (Structured Query Language) ha evolucionado en paralelo con la tecnología RDBMS (Relational Database Management Systems), convirtiéndose en el mecanismo más utilizado para crear, consultar, mantener y operar bases de datos relacionales. Inicialmente desarrollado para su uso en conjunto con RDBMS, SQL ganó tanta popularidad que también se hizo frecuente en bases de datos no relacionales.

SQL, como lenguaje de consulta, permite a los desarrolladores y administradores de bases de datos interactuar con el sistema de gestión de bases de datos de manera eficiente. A través de SQL, es posible realizar una serie de operaciones, como crear bases de datos, definir tablas y columnas, insertar, actualizar y eliminar registros, y realizar consultas complejas para recuperar información específica.

En las bases de datos relacionales, las consultas SQL se basan en relaciones entre tablas, utilizando operadores como SELECT, JOIN, WHERE, GROUP BY, etc. Estas consultas le permiten realizar búsquedas detalladas en los datos y combinar información de diferentes tablas, lo que le brinda una vista amplia y detallada de los datos almacenados.

Con el tiempo, la popularidad de SQL y su eficacia para realizar consultas en bases de datos relacionales ha llevado a muchos desarrolladores a adoptar este lenguaje incluso en bases de datos no relacionales. Esto se debe a que SQL ofrece una sintaxis estandarizada y una amplia gama de funcionalidades, lo que lo convierte en una opción atractiva para manipular datos de diferentes modelos y estructuras.

Las bases de datos no relacionales, también conocidas como NoSQL, tienen modelos de datos flexibles y escalables, como documentos, gráficos y columnas, que se utilizan ampliamente en las aplicaciones modernas. Si bien estas bases de datos tienen características distintivas que las diferencian de los RDBMS tradicionales, muchas de ellas también admiten el lenguaje SQL. Sin embargo, el uso de SQL en bases de datos no relacionales puede tener algunas variaciones de las consultas tradicionales realizadas en un entorno RDBMS.

SQL, por lo tanto, juega un papel clave en el mundo de las bases de datos, independientemente de si son relacionales o no relacionales. Su capacidad para proporcionar un lenguaje uniforme para las consultas y la manipulación de datos se ha convertido en una gran ventaja para los desarrolladores, ya que les permite escribir consultas complejas y obtener resultados precisos independientemente del tipo de base de datos que se utilice.

Además, SQL también ha evolucionado más allá de las operaciones de consulta básicas. Con la introducción de características avanzadas como desencadenadores, procedimientos almacenados y funciones, SQL permite a los desarrolladores crear lógica de negocios personalizada directamente en la base de datos. Esto aumenta la eficiencia y la flexibilidad a la hora de gestionar operaciones complejas y garantizar la integridad de los datos.

Sin embargo, es importante tener en cuenta que no todas las implementaciones de bases de datos no relacionales admiten todas las funciones de SQL. Cada base de datos NoSQL puede tener su propia sintaxis y características específicas, aunque es posible realizar consultas mediante SQL. Por lo tanto, es esencial comprender las particularidades de la base de datos específica en uso y la compatibilidad de SQL con este entorno.

SQL se ha convertido en un estándar de facto en la industria de las bases de datos, ofreciendo una forma coherente y eficiente de interactuar con los sistemas de gestión de bases de datos. Su evolución paralela a la tecnología RDBMS y su adopción generalizada en bases de datos no relacionales son reflejos de su flexibilidad y potencia. Mediante el uso de SQL, los desarrolladores tienen la capacidad de crear consultas complejas, mantener la integridad de los datos y lograr resultados valiosos, independientemente del modelo de base de datos utilizado.

Es probable que la mayor parte de la información operativa de las empresas se almacene en RDBMS, ya que muchas empresas tienen diferentes RDBMS para diferentes áreas de su negocio. Los datos transaccionales se pueden almacenar en la base de datos de un proveedor, mientras que la información del cliente se puede almacenar en otra.

Hay que tener en cuenta que saber qué datos se almacenan y dónde se almacenan son bloques de construcción esenciales en la implementación de Big Data.

No es probable que su empresa utilice RDBMS para el núcleo de su implementación de big data, pero deberá confiar en los datos almacenados en RDBMS para crear el nivel más alto de valor para su negocio de big data. Si bien hay muchas bases de datos relacionales comerciales diferentes disponibles en empresas como Oracle, IBM y Microsoft, es importante conocer la base de datos relacional de código abierto llamada PostgreSQL.

PostgreSQL,[1] conocida como la base de datos relacional de código abierto líder en la industria, ha ganado una posición destacada en la actualidad. Su origen se remonta a su desarrollo pionero en la reconocida Universidad de California en Berkeley. Desde entonces, ha sido objeto de un desarrollo activo continuo como proyecto de código abierto durante más de 18 años.

El éxito y la popularidad de PostgreSQL no se limitan a su capacidad para proporcionar las funcionalidades básicas de una base de datos

---

[1] www.postgresql.org

confiable. Va más allá al ofrecer una amplia gama de funciones avanzadas e innovadoras diseñadas para satisfacer las crecientes y complejas necesidades del mundo moderno de los datos.

PostgreSQL tiene un conjunto completo de características que van desde la implementación eficiente de consultas complejas hasta la gestión sofisticada de transacciones y el control de la integridad de los datos. Su arquitectura flexible le permite admitir una variedad de aplicaciones y casos de uso, desde pequeñas aplicaciones internas hasta grandes sistemas empresariales distribuidos.

Además, PostgreSQL se ha destacado por su robustez, fiabilidad y seguridad. Su comunidad de desarrolladores y usuarios activos contribuye regularmente a mejorar y fortalecer estos aspectos fundamentales.

En la era de la computación en la nube y la escalabilidad horizontal, PostgreSQL también se destaca por ser altamente escalable y flexible, lo que permite a los usuarios escalar sus bases de datos de acuerdo con sus crecientes necesidades.

Como tal, al elegir PostgreSQL como su sistema de gestión de bases de datos, los usuarios no solo tienen acceso a una solución estable y confiable, sino que también se benefician de una comunidad vibrante y en constante evolución que apoya y fomenta la innovación continua.

Los factores que contribuyen a la popularidad de PostgreSQL incluyen:

1   Hace todo lo que se espera de un producto de base de datos, además de que su longevidad y amplio uso lo han convertido en "probado en batalla".

2   Está disponible en casi todos los tipos de sistemas operativos, desde PC hasta mainframes.

3   Es compatible con muchas características que solo se encuentran

en los costosos RDBMS propietarios, incluidas las siguientes:

- Capacidad para tratar directamente con "objetos" dentro del esquema relacional.

- Claves externas que son las claves de referencia de una tabla a otra.

- Los desencadenadores son eventos que se utilizan para iniciar automáticamente un procedimiento almacenado.

- Consultas complejas compuestas por subconsultas y uniones entre tablas.

- Integridad transaccional.

- Control de simultaneidad multiversión.

4   Su extensibilidad permite a los usuarios y programadores de bases de datos agregar nuevas características sin afectar el funcionamiento fundamental o la confiabilidad de la base de datos. Las posibles extensiones incluyen:

- Tipos de datos.

- Operadores.

- Funciones.

- Métodos de indexación.

- Lenguajes procesales.

5   La licencia PostgreSQL permite la modificación y distribución en cualquier forma, de código abierto o cerrado.

Las bases de datos relacionales son esenciales para las empresas que tienen Big Data, pero existen plataformas alternativas.

3.2   Bases de datos relacionales y Big Data.

La relación entre las bases de datos relacionales y el Big Data es un tema relevante en el campo de la ciencia de datos y el almacenamiento de información. Ambos desempeñan un papel clave en la gestión y el análisis de grandes volúmenes de datos, sin embargo, tienen enfoques y características distintos.

Una de las principales limitaciones de las bases de datos relacionales a la hora de tratar con Big Data es la escalabilidad horizontal. A medida que aumenta el volumen de datos, las bases de datos relacionales pueden enfrentar dificultades para manejar la distribución y el procesamiento eficientes de grandes conjuntos de datos en un entorno distribuido. Esto puede dar lugar a problemas de rendimiento y latencia al ejecutar consultas complejas o acceder a datos en tiempo real.

Además, la velocidad de consulta en las bases de datos relacionales puede verse afectada por el tamaño de los conjuntos de datos. A medida que aumenta el volumen de datos, el tiempo necesario para ejecutar consultas puede aumentar significativamente, lo que provoca retrasos en el procesamiento y análisis de los datos. Esto puede ser problemático en escenarios en los que se necesita información en tiempo real o cuando se trata de grandes cantidades de datos que deben procesarse rápidamente.

Otra limitación de las bases de datos relacionales es su capacidad para procesar tipos de datos no estructurados. Aunque estas bases de datos están diseñadas para almacenar datos estructurados en tablas con esquemas predefinidos, pueden tener dificultades para manejar tipos de datos más complejos, como texto, imágenes, vídeos y datos en formato JSON. Estos tipos de datos no estructurados se encuentran comúnmente en el contexto de Big Data y requieren diferentes enfoques para el almacenamiento y el procesamiento.

Además, la estructura fija de las tablas en las bases de datos relacionales puede presentar desafíos adicionales cuando cambian los requisitos de datos y el esquema. Por ejemplo, si necesita agregar una nueva columna a una tabla existente o reorganizar la estructura de las tablas para incorporar nuevos atributos, es posible que tenga que realizar cambios extensos en el esquema de la base de datos, lo que puede requerir mucho tiempo y recursos. Estos cambios pueden ser más difíciles de implementar en bases de datos relacionales, lo que las hace menos flexibles en comparación con las soluciones NoSQL.

Uno de los ejemplos más conocidos de la relación entre las bases de datos relacionales y el Big Data es el sistema de gestión de bases de datos Hadoop. Hadoop es una plataforma de software de código abierto que permite el procesamiento distribuido de grandes conjuntos de datos en clústeres de servidores comunes. Está especialmente diseñado para almacenar y procesar datos no estructurados, sin necesidad de un esquema fijo.

Hadoop utiliza el sistema de archivos distribuido de Hadoop (HDFS) para almacenar los datos en un entorno distribuido. Divide los datos en bloques y los distribuye entre los diferentes nodos del clúster, lo que garantiza la redundancia y la tolerancia a fallos. Esto permite que los datos se procesen en paralelo en varios nodos, lo que proporciona un alto grado de escalabilidad y rendimiento.

Además de Hadoop, otro ejemplo de la relación entre las bases de datos relacionales y el Big Data es el uso de bases de datos relacionales como capa de almacenamiento y gestión de datos específicos de Big Data.

Por ejemplo, una base de datos relacional se puede utilizar para almacenar metadatos o datos agregados generados a partir de procesos de análisis de Big Data. Esto permite que los datos sean consultados y analizados de manera eficiente a través del lenguaje SQL.

Otro ejemplo común es el uso de bases de datos relacionales junto con bases de datos NoSQL en una arquitectura políglota. En este enfoque, los datos estructurados y transaccionales se almacenan en bases de datos relacionales para garantizar la coherencia y la integridad. Mientras tanto, los datos no estructurados, como los registros del servidor o los datos de los sensores, se pueden almacenar y procesar en bases de datos NoSQL, que ofrecen una mayor escalabilidad y flexibilidad para manejar este tipo de datos.

Es importante destacar que las soluciones evolucionan constantemente y pueden surgir nuevas tecnologías en el futuro para superar las limitaciones existentes. Por lo tanto, es esencial mantenerse al día con las tendencias e innovaciones en el campo de las bases de datos relacionales y el Big Data para garantizar el mejor rendimiento y eficiencia en la gestión y análisis de datos.

La relación entre las bases de datos relacionales y el Big Data es compleja e implica la combinación de diferentes tecnologías y enfoques. Mientras que las bases de datos relacionales proporcionan coherencia, integridad y fiabilidad para los datos estructurados, las bases de datos NoSQL y las tecnologías de procesamiento distribuido satisfacen las necesidades de escalabilidad y procesamiento de los datos no estructurados en el contexto de los macrodatos. La elección del enfoque adecuado depende de las características del conjunto de datos y de los requisitos de análisis.

3.3   Bases de datos no relacionales.

Las bases de datos no relacionales son hoy en día una gran alternativa a las bases de datos relacionales, ya que no dependen de la arquitectura tabular de los RDBMS. En el mundo del Big Data, es necesario que las técnicas de persistencia y manipulación de datos no estén enyesadas. Si bien estas nuevas modalidades de bases de datos ofrecen algunas respuestas a sus desafíos de big data, no son una solución definitiva.

3.3.1   NoSQL.

Una clase emergente y popular de base de datos no relacional se llama NoSQL. El término NoSQL se utilizó por primera vez en 1998 como el nombre de una base de datos no relacional de código abierto.

Su autor, Carlo Strozzi, argumenta que el movimiento NoSQL "es completamente distinto del modelo relacional y, por lo tanto, debería llamarse más apropiadamente 'NoREL' o algo que produzca el mismo efecto".

Los datos se organizan en tablas con filas y columnas. A diferencia de un modelo de base de datos relacional tradicional.

El nombre NoSQL fue un intento de describir la aparición de un número creciente de bases de datos no relacionales e hizo una referencia al esquema de nomenclatura de las bases de datos relacionales más populares en el mercado, como MySQL, MS SQL, PostgreSQL, etc.

En 2006, el artículo: *BigTable: A Distributed Storage System for Structured Data*, publicado por Google, aportó una nueva fuerza al concepto de NoSQL con el desarrollo de un gestor destinado específicamente a almacenar grandes volúmenes de datos no estructurados en servidores básicos.

Con la creciente popularización de las redes sociales, la generación de contenidos por parte de los dispositivos móviles, así como el creciente número de personas y dispositivos conectados, hace que el trabajo de almacenamiento de datos con el objetivo de utilizarlos en herramientas analíticas empiece a tropezar con problemas de escalabilidad y costes de mantenimiento de estos datos.

Bigtable es un sistema de almacenamiento de datos comprimido, de alto rendimiento y patentado basado en el sistema de archivos de Google y algunas otras tecnologías de Google. Es un mapa clasificado multidimensional disperso, distribuido y persistente. El 6 de mayo de 2015, se puso a disposición una versión pública de Bigtable.

El desarrollo de Bigtable comenzó en 2004 y ahora es utilizado por varias aplicaciones de Google, como la indexación web, MapReduce, que a menudo se utiliza para generar y modificar datos almacenados en plataformas como:

- Bigtable.
- Mapas de Google.
- Google Libros.
- Google Earth.
- Blogger.com.
- Código de Google.
- YouTube.
- Gmail.

Las razones de Google para desarrollar su propia base de datos incluyen la escalabilidad y un mejor control de las características de rendimiento.

Las bases de datos relacionales escalan, pero cuanto mayor es el tamaño, más complejo se vuelve mantenerse al día con esta escalabilidad, ya sea por el costo de las nuevas máquinas o por el aumento de especialistas en las bases de datos utilizadas.

Los no relacionales, en el modo opuesto, permiten una escalabilidad más barata y menos laboriosa, ya que no requieren máquinas extremadamente potentes y su facilidad de mantenimiento permite que se necesiten menos profesionales.

Así, las bases de datos NoSQL son cada vez más populares entre las grandes empresas porque tienen las características de poder trabajar con datos semiestructurados procedentes de diversas fuentes, como archivos de registro, sitios web, archivos multimedia.

Las tecnologías de bases de datos no relacionales tienen en común las siguientes características:

- Escalabilidad. Es la capacidad de escribir datos en múltiples unidades de almacenamiento de datos simultáneamente, sin detenerse en las limitaciones físicas de la infraestructura.

- Perfección. Las bases de datos pueden expandirse y contraerse en respuesta a los flujos de datos, y esto se hace de forma invisible para los usuarios finales.

- Diseño de persistencia. La persistencia sigue siendo un elemento crítico en las bases de datos no relacionales. Debido a la alta velocidad, variedad y volumen de Big Data, estas bases de datos utilizan mecanismos de diferencia para conservar los datos. La opción de mayor rendimiento es "*en memoria*", donde toda la base de datos se mantiene en el sistema de memoria muy rápido de sus servidores.

- Diversidad de interfaces. Si bien la mayoría de estas tecnologías admiten API *RESTful* como su interfaz de *referencia*, también ofrecen una amplia variedad de mecanismos de conexión para programadores y administradores de bases de datos, incluidas herramientas de análisis y generación de informes/visualización.

- Modelo de datos y consulta. En lugar de estructuras de filas, columnas y claves, las bases de datos no relacionales utilizan estructuras especiales para almacenar datos con un conjunto de requisitos especiales de API de consulta[2] para acceder a los datos de forma inteligente.

- Consistencia eventual. Mientras que RDBMS utiliza ACID como mecanismo para garantizar la coherencia de los datos, el DBMS no relacional utiliza BASE. BASE son las siglas en inglés de *Básicamente Disponible, Estado Suave* y Consistencia *Eventual*. De estos, la coherencia final es la más importante porque es responsable de resolver conflictos cuando los datos se mueven entre nodos en una implementación distribuida. El software mantiene el estado de los datos y el modelo de acceso depende de la disponibilidad básica.

3.3.2   clave-valor.

Las bases de datos NoSQL más simples son aquellas que emplean el modelo de par clave-valor (KVP). Las bases de datos KVP no requieren un esquema (como los RDBMS) y ofrecen una gran flexibilidad y escalabilidad. Las bases de datos KVP no ofrecen capacidad ACID y requieren que los implementadores piensen en la ubicación de los datos, la replicación y la tolerancia a fallos, ya que no están expresamente controladas por la propia tecnología.

---

[2] Interfaz de programación de aplicaciones – API. La interfaz de programación de aplicaciones es un conjunto de rutinas y patrones de programación para acceder a una aplicación o plataforma de software basada en la web. Una API se crea cuando una empresa de software tiene la intención de que otros desarrolladores de software desarrollen productos asociados con su servicio. Hay varios de ellos que ponen a disposición sus códigos e instrucciones para ser utilizados en otros sitios web de la manera más conveniente para sus usuarios. Google Maps es uno de los grandes ejemplos en el ámbito de las APIs. A través de su código original, muchos otros sitios web y aplicaciones utilizan los datos de Google Maps y los adaptan de la mejor manera para utilizar este servicio.

Las bases de datos KVP no contienen datos escritos. Como resultado, la mayoría de los datos se almacenan como *cadenas*.

A medida que crece el número de usuarios, el trabajo de realizar un seguimiento de las claves precisas y los valores relacionados puede ser un desafío. Si es necesario realizar un seguimiento de las opiniones de millones de usuarios, el número de pares clave-valor asociados a ellos puede aumentar exponencialmente.

Si la opción es no restringir las opciones para los valores, la representación genérica *de* la serie KVP proporciona flexibilidad y legibilidad. Es posible que necesite ayuda adicional para organizar los datos en una base de datos de clave-valor.

La mayoría de las bases de datos de claves y valores ofrecen la capacidad de agregar claves y sus valores relacionados en colecciones que pueden constar de cualquier número de pares clave-valor y no requieren el control exclusivo de los elementos KVP individuales.

3.3.3 Riak.

Una base de datos de pares clave-valor de código abierto ampliamente utilizada se llama Riak[3]. Está desarrollado y respaldado por una empresa llamada Basho Technologies[4] y está disponible bajo la licencia de software Apache.

Sus principales características son:

- Es una implementación muy rápida y escalable de una base de datos clave-valor.

- Es compatible con un entorno de gran volumen con datos que

---

[3] http://wiki.basho.com.

[4] www.basho.com.

cambian rápidamente porque es ligero.

- Es particularmente eficaz en el análisis en tiempo real de las operaciones en servicios financieros.

- Utiliza *buckets*[5] como motor empresarial para colecciones de claves y valores.

El bucket es similar a una partición de datos. Sin embargo, cada bucket puede contener un conjunto de valores de columna, en lugar de solo uno. Este método funciona bien para la creación de particiones en números de valor grandes (en millones o más), como identificadores de productos. Un bucket viene determinado por el hash de la fila y la clave de bucket. Las tablas agrupadas ofrecen optimizaciones únicas, ya que almacenan los metadatos tal y como se particionaron y clasificaron.

Algunas características avanzadas del bucket son:

- Optimización de consultas en función de la información de objetivos del bucket.

- Agregaciones optimizadas.

- Uniones optimizadas.

Puede usar la creación de particiones y la agrupación al mismo tiempo.

Las implementaciones de Riak son *clústeres de nodos físicos o virtuales organizados de igual a igual. No hay ningún nodo maestro, por lo que el clúster* es resistente y altamente escalable. Todos los datos y operaciones se distribuyen por todo el *clúster. Los clústeres Riak* tienen un perfil de rendimiento interesante.

---

[5] Cubos.

Los clústeres más grandes con un mayor número de nodos funcionan mejor y más rápido que los clústeres con menos nodos. La comunicación en el clúster se implementa a través de un protocolo especial llamado Gossip. Gossip almacena información de estado sobre el clúster y comparte información sobre los buckets.

Riak tiene muchas características y forma parte de un ecosistema que consta de lo siguiente:

- Procesamiento paralelo. Con MapReduce, Riak admite la descomposición y recomposición de consultas en todo el *clúster* para el cálculo y el análisis en tiempo real.

- Links y link *walking*. Riak se puede construir para simular una base de datos de grafos utilizando enlaces. Un enlace se puede considerar como una conexión unidireccional entre pares clave-valor. Al desplazarse por los vínculos, se proporciona un mapa de las relaciones entre los pares clave-valor.

- Investigación. Riak Search tiene una función de búsqueda de texto completo distribuida y tolerante a errores. *Los buckets* se pueden indexar para una resolución rápida de los valores clave.

- Índices secundarios. Los desarrolladores pueden etiquetar valores con uno o más valores de campo clave. A continuación, la aplicación puede consultar el índice y devolver una lista de claves coincidentes. Esto puede ser muy útil en implementaciones de Big Data porque la operación es atómica y admitirá comportamientos en tiempo real.

Las implementaciones de Riak son las más adecuadas para:

- Datos de usuarios para redes sociales, comunidades o juegos.

- Recopilación y almacenamiento de datos enriquecidos en

medios de gran volumen.

- Capas de almacenamiento en caché para conectar bases de datos RDBMS y NoSQL.

- Aplicaciones móviles que requieren flexibilidad y fiabilidad.

3.3.4 Bases de datos documentales.

Hay dos tipos de bases de datos de documentos.

1. Repositorio de contenido completo de estilo de documento, como archivos de Word y páginas web completas.

2. Almacenamiento de componentes permanentes del documento procesados como una entidad estática o para el ensamblaje dinámico de las partes de un documento.

Para las implementaciones de Big Data, ambos tipos son importantes, por lo que es necesario comprender los detalles de cada uno.

Las bases de datos de documentos son más útiles cuando se necesita generar una gran cantidad de informes y deben ensamblarse dinámicamente a partir de elementos que cambian con frecuencia.

La estructura de los documentos y sus partes es proporcionada por JSON[6] y/o BSON.[7] En esencia, JSON es un formato de intercambio de

---

[6] Notación de objetos JavaScript: JSON. La notación de objetos JavaScript es un formato ligero de intercambio de datos. Se basa en un subconjunto del lenguaje de programación JavaScript, Standard ECMA-262 3ª Edición - Diciembre - 1999. JSON está en formato de texto y es completamente independiente del lenguaje, ya que utiliza convenciones que son familiares para C y lenguajes conocidos, incluidos C++, C#, Java, JavaScript, Perl, Python y muchos otros.

[7] BSON es un formato informático de intercambio de datos. El nombre "BSON" se basa en el término JSON y significa "JSON binario". Es una forma binaria de representar estructuras de datos simples o complejas, incluidas matrices asociativas (también conocidas como pares

datos, basado en un subconjunto del lenguaje de programación JavaScript. Aunque es parte de un lenguaje de programación, es de naturaleza textual y muy fácil de leer y escribir.

También tiene la ventaja de ser fácil de manejar para las computadoras. Hay dos marcos básicos en JSON, y son compatibles con muchos, si no todos, los lenguajes de programación modernos.

La primera estructura básica es una colección de pares nombre-valor, y se representan mediante programación como objetos, registros, listas codificadas, etc. La segunda estructura básica es una lista ordenada de valores, y se representan mediante programación como matrices, listas o secuencias. BSON es una serialización binaria de estructuras JSON diseñada para aumentar el rendimiento y la escalabilidad.

MongoDB y CouchDB son ejemplos muy populares de bases de datos de documentos.

3.3.4.1 MongoDB.

MongoDB[8] es el nombre del proyecto para el sistema de base de datos "hu (mongo) us". Es mantenido por una compañía llamada 10gen como código abierto y está disponible gratuitamente bajo la licencia GNU AGPL v3.0. Las licencias comerciales totalmente compatibles están disponibles en 10gen[9].

Está creciendo en popularidad y puede ser una buena opción para el almacenamiento de datos de Big Data. Está compuesto por una base de datos que contiene colecciones compuestas por documentos y cada

---

nombre-valor), matrices indexadas de enteros y un conjunto de tipos escalares fundamentales. BSON se originó en 2009 en MongoDB.

[8] www.mongodb.com.

[9] www.10gen.com.

documento se compone de campos. Al igual que con las bases de datos relacionales, puede indexar una colección aumentando el rendimiento de la búsqueda de datos.

Esta base de datos devuelve algo llamado cursor, que tiene la función de puntero a los datos y le da la opción de contar u ordenar los datos sin extraerlos. De forma nativa, MongoDB es compatible con BSON, la implementación binaria de documentos JSON.

MongoDB, que también es un ecosistema, consta de los siguientes elementos:

- Servicios de alta disponibilidad y replicación para el escalado a través de redes locales y de área amplia.

- Un sistema de archivos basado en cuadrícula (GridFS), que permite el almacenamiento de objetos grandes dividiéndolos entre varios documentos.

- MapReduce para apoyar el análisis y la agregación de diferentes colecciones/documentos.

- Un servicio de particionamiento que distribuye una sola base de datos a través de un *clúster* de servidores en uno o varios centros de datos. El servicio está controlado por una clave de partición. La clave *de partición* se utiliza para distribuir documentos de forma inteligente en varias instancias.

- Un servicio de consulta que admite consultas *ad hoc*, consultas distribuidas y búsqueda de texto completo.

Las buenas implementaciones de MongoDB incluyen:

- Gestión de contenidos de gran volumen.

- Redes sociales.

- Limado.

- Analítica en tiempo real.

3.3.4.2 CouchDB.

CouchDB[10] es una base de datos no relacional y es de código abierto. Es mantenido por la Apache Software Foundation[11] y está disponible bajo la licencia Apache v2.0. A diferencia de MongoDB, CouchDB está diseñado para imitar la web en todos los aspectos. Es resistente a las interrupciones de la red y continúa funcionando sin problemas en áreas donde la conectividad de la red es irregular, pero tiene la ventaja de tener todas las capacidades ACID.

Debido al mimetismo de la web, CouchDB es de alta latencia, lo que resulta en una preferencia por el almacenamiento de datos local. Si bien CouchDB es capaz de trabajar de manera no distribuida, no es adecuado para implementaciones más pequeñas.

Las bases de datos de CouchDB se componen de documentos que constan de campos y archivos adjuntos, así como de una descripción del documento en forma de metadatos que el sistema mantiene automáticamente.

La principal ventaja de CouchDB sobre el relacional es que los datos están empaquetados y listos para su manipulación o almacenamiento, en lugar de estar dispersos en filas y tablas.

CouchDB también es un ecosistema con las siguientes características:

- Compactación. Las bases de datos se comprimen para eliminar el espacio desperdiciado cuando se alcanza un cierto nivel de

---

[10] couchdb.apache.org.

[11] www.apache.org.

vacío. Esto ayuda al rendimiento y la eficiencia de la persistencia.

- Vista previa del modelo. Mecanismo para filtrar, organizar y mostrar datos mediante un conjunto de definiciones que se almacenan como documentos en la base de datos. Puede encontrar una relación de uno a varios de los datos con las visualizaciones.

- Replicación y servicios distribuidos. El almacenamiento de documentos está diseñado para proporcionar replicación bidireccional. Las réplicas parciales se pueden mantener para admitir la distribución basada en criterios o la migración a dispositivos con conectividad limitada.

Las implementaciones efectivas de CouchDB incluyen:

- Gestión de contenidos de gran volumen.

- Escalado desde el teléfono inteligente hasta el centro de datos.

- Aplicaciones con conectividad de red limitada o lenta.

3.3.5   Bases de datos en columnas.

Las bases de datos relacionales, como ya sabemos, están estructuradas en filas y columnas en las que se almacena una pieza de información en cada fila de una columna. MySQL, PostgreSQL, MS SQL y Oracle son ejemplos de este tipo de bases de datos.

En una base de datos con estructura de columnas o columnas, como Amazon Redshift y Google BigQuery, los datos se almacenan en filas.

Aunque es un detalle casi irrelevante, es la característica estructural más importante de las bases de datos en columnas. Es muy fácil agregar columnas y se pueden agregar fila por fila, ofreciendo una gran flexibilidad, rendimiento y escalabilidad.

Cuando se cuenta con volumen y variedad de datos, como es el caso del Big Data, es bueno considerar el uso de este tipo de bases de datos.

Las ventajas de este enfoque son:

- Mayor compresión. Los datos de tipos iguales se almacenan juntos, hay una optimización del espacio utilizado.

- Eliminación de la necesidad de índices. Por ejemplo, no es necesario reorganizar cómo se ordenan los colores de los bloques. Hay otras opciones de optimización como *la fragmentación*[12].

- Alto rendimiento para operaciones de agregación.

Las bases de datos en columnas disponibles en el mercado han desarrollado otras optimizaciones para mejorar el rendimiento, lo que las hace ideales para los equipos de Analytics que necesitan lidiar con grandes bases de datos, especialmente la optimización de los cruces entre tablas.

Los algoritmos de compresión funcionan mejor si los datos de entrada están relacionados de alguna manera y esto proporciona mejores relaciones de compresión. El formato de columnas puede aprovechar este hecho, y cada columna se puede comprimir individualmente con

---

[12] La partición es una forma de creación de particiones de bases de datos, también conocida como partición horizontal. El proceso consiste en dividir una base de datos muy grande en segmentos más pequeños y manejables, con la idea de mejorar el rendimiento y reducir el tiempo de respuesta de una consulta.

un esquema de compresión que sea el más adecuado para esa columna.

Sin embargo, esta ventaja no está disponible en los almacenes de filas de las bases de datos en columnas, ya que una fila contiene datos de varios tipos diferentes de columnas. La decisión de usar o no usar un modelo de base de datos en columnas dependerá en gran medida de las necesidades comerciales de la empresa.

Las tres características principales de este tipo de bases de datos la hacen ideal para soluciones que realizan operaciones masivas en el banco, como agregaciones y cálculos. También son ideales para aplicaciones que necesitan leer un gran número de datos de la base de datos, como las soluciones DW que suelen tener un gran volumen de datos que se consultan para la elaboración de informes y la toma de decisiones.

Los bancos en columnas pueden funcionar mejor que los bancos orientados a filas cuando una consulta necesita leer varias columnas. Por otro lado, las bases de datos orientadas a filas pueden funcionar mejor cuando la consulta devuelve un pequeño número de tuplas, de modo que el DBMS necesita usar solo una instrucción para hacerlo.

3.3.5.1 HBase.

Una de las bases de datos en columnas más populares es HBase[13]. Esta base de datos también es un proyecto de código abierto de la Apache Software Foundation distribuido bajo la Licencia de Software Apache v2.0.

HBase utiliza el sistema de archivos Hadoop y el motor MapReduce para sus necesidades principales de almacenamiento de datos. Su

---

[13] hbase. Apache.org.

diseño se basa en BigTable de Google, que es realmente una forma eficiente de almacenar datos no relacionales.

Las implementaciones de bases de datos en columnas de HBase se estructuran de la siguiente manera:

- Organización básica en mapas clasificados, multidimensionales, altamente escalables, dispersos, distribuidos y persistentes.

- El mapa se indexa mediante una clave de fila, una clave de columna y una marca de tiempo.

- Cada valor del mapa es una matriz de bytes sin interpretar.

Cuando la implementación de Big Data requiere acceso aleatorio a datos de lectura/escritura en tiempo real, Hbase es una muy buena solución y generalmente se usa para almacenar resultados para su posterior procesamiento analítico.

Entre las características importantes de HBase se incluyen las siguientes:

1. Consistencia. Aunque no es una implementación "ACID", HBase ofrece lecturas y escrituras muy consistentes y no se basa en un modelo eventualmente consistente, lo que permite usarlo para requisitos de alta velocidad, siempre y cuando no necesite las "características adicionales" que ofrece RDBMS, como soporte completo de transacciones o columnas con tipo.

2. *Fragmentación*. Dado que los datos se distribuyen a través del sistema de archivos auxiliar, HBase proporciona una división y redistribución transparentes y automáticas del contenido.

3. Alta disponibilidad. A través de la implementación de servidores

regionales, HBase admite la [14] conmutación por error y la recuperación de LAN y WAN. En el núcleo, hay un servidor maestro responsable de monitorear los servidores de la región y todos los metadatos *del clúster*.

4. *API de cliente*. HBase ofrece acceso mediante programación a través de una API de Java.

5. Soporte para operaciones de TI. Los implementadores pueden exponer el rendimiento y otras métricas a través de un conjunto de páginas web integradas.

6. Las implementaciones de HBase son las más adecuadas para la recopilación y el procesamiento de datos incrementales de gran volumen.

7. Intercambio de información, como mensajes, en tiempo real.

8. Cambio frecuente de ubicación de contenido.

3.4   Bases de datos de grafos.

Las bases de datos de grafos se crearon específicamente para permitir el almacenamiento de relaciones y la navegación a través de ellas. Las relaciones son elementos distintos que añaden la mayor parte del valor a las bases de datos de grafos.

---

[14] *La conmutación por error* es la capacidad de cambiar a un sistema de copia de seguridad confiable. Es decir, para los servidores, la automatización de conmutación por error *incluye cables de latido que conectan un par de servidores.* El servidor secundario simplemente descansa mientras se da cuenta de que el pulso o pulso continúa.

Este tipo de base de datos utiliza nodos para almacenar entidades de datos y bordes para almacenar las relaciones entre entidades. Un perímetro siempre tiene un nodo inicial, un nodo final, un tipo y una dirección, lo que permite describir las relaciones padre-hijo, las acciones, las propiedades, etc. La cantidad y los tipos de relaciones que puede tener un nodo son ilimitados.

Un grafo en una base de datos de grafos se puede cruzar con tipos de borde específicos o en todo el grafo. En las bases de datos grafográficas, el cruce de asociaciones o relaciones se produce muy rápidamente, ya que las relaciones entre nodos no se calculan en el momento de las consultas, sino que persisten en la base de datos.

Las bases de datos de grafos son ventajosas en casos de uso como redes sociales, motores de recomendación y detección de fraudes, donde es necesario crear relaciones entre datos y consultar rápidamente estas relaciones.

Este tipo de almacenamiento y navegación no es posible en los RDBMS debido a las estructuras rígidas de las tablas y a la imposibilidad de seguir las conexiones entre los datos allá donde nos lleven.

El concepto de grafos es un ejemplo de red social. Al considerar a las personas, los nodos y sus relaciones (bordes), es posible averiguar quiénes son los "amigos de los amigos" de una persona específica.

Las bases de datos de grafos se pueden utilizar en:

- Sofisticada prevención de fraudes. Con las bases de datos de gráficos, puede usar relaciones para procesar transacciones financieras y de compras casi en tiempo real.

- Detección de la consistencia de la dirección de un comprador potencial. Validar que están utilizando la misma dirección de correo electrónico y tarjeta de crédito que la utilizada en un caso de fraude conocido es un proceso muy rápido en esta tecnología.

- Identificación de patrones de relación, como varias personas asociadas con una dirección de correo electrónico personal o varias personas que comparten la misma dirección IP pero residen en diferentes direcciones físicas.

- Gestión de datos geográficos para la exploración petrolera o para modelar y optimizar las redes de un proveedor de telecomunicaciones.

3.4.1 Neo4J.

Neo4J[15] es una base de datos de transacciones ACID que ofrece alta disponibilidad a través *de clustering*. Creado en 2007, es un proyecto de código abierto licenciado bajo la licencia pública GNU v3.0. Neo Technology proporciona una versión comercial compatible bajo la licencia GNU AGPL v3.0 y comercial.

Neo4J es conocida como una base de datos de "grafos nativos", es decir, físicamente, en la memoria, los nodos y las relaciones se señalan entre sí. Esto crea lo que se llama adyacencia libre de índices, y de esta manera, los sistemas de grafos nativos como Neo4J pueden consultar a través de recorridos de grafos, saltando de una dirección a otra en la memoria absurdamente rápido.

Este mecanismo, llamado *pointer hoping,* es la forma más rápida para que una computadora acceda a los datos relacionados. Esta flexibilidad viene con algunas limitaciones:

- Los nodos no pueden referirse directamente a sí mismos. Por ejemplo, tú, como nodo, tampoco puedes ser tu propio padre,

---

[15] www.ne.o4j.org.

como relación, pero puedes ser un padre.

- Puede haber casos del mundo real en los que se requiera la autorreferencia. Si es así, un gráfico de datos base no es la mejor solución, ya que las reglas sobre autorreferencia se aplican estrictamente.

- Neo4J solo puede replicar gráficos completos, poniendo un límite en el tamaño total del gráfico de aproximadamente 34 mil millones de nodos y 34 mil millones de relaciones.

Entre las características más importantes de Neo4J podemos mencionar:

- Integración con otras bases de datos. Admite la gestión de transacciones con reversión para permitir una interoperabilidad perfecta con almacenes de datos que no son gráficos.

- Servicios de sincronización. Admite comportamientos controlados por eventos a través de un bus de eventos, la sincronización periódica que lo usa o un RDBMS como maestro y la sincronización tradicional por lotes.

- Resiliencia. Admite copias de seguridad en frío (es decir, cuando la base de datos no se está ejecutando) y en caliente (cuando se está ejecutando), así como un modo de agrupación de alta disponibilidad. Las alertas estándar están disponibles para su integración con los sistemas de gestión de operaciones existentes.

- Lenguaje de consulta. Admite un lenguaje declarativo denominado Cypher, que está diseñado específicamente para consultar gráficos y sus componentes. Los comandos de cifrado se basan vagamente en la sintaxis SQL y están dirigidos a consultas ad hoc de los datos del gráfico.

Las implementaciones de Neo4J son las más adecuadas para:

- Redes sociales.

- Clasificación de dominios biológicos o médicos.

- Creación de comunidades dinámicas de práctica o interés.

3.5   Bases de datos espaciales.

Las bases de datos espaciales ya forman parte de nuestra vida cotidiana. Interactuamos con datos espaciales todos los días. Al usar un teléfono inteligente, un GPS para obtener direcciones a un lugar específico, un motor de búsqueda con la ubicación de una dirección, estamos utilizando aplicaciones que dependen de datos espaciales.

Los datos se estandarizan gracias a los esfuerzos de la OGC[16], que establece OpenGIS[17] y una serie de otros estándares para los datos espaciales.

Es importante tener en cuenta estos detalles de estandarización, ya que las bases de datos espaciales son implementaciones de los estándares OGC y su empresa puede o no tener necesidades específicas satisfechas por estos estándares.

Una base de datos espacial se vuelve importante cuando las empresas comienzan a utilizar varias dimensiones diferentes de datos para ayudar en el proceso de toma de decisiones. Por ejemplo, un meteorólogo que realiza una investigación puede querer almacenar y evaluar datos relacionados con un huracán, incluida la temperatura, la velocidad del viento y la humedad, y modelar esos resultados en tres dimensiones.

---

[16] Consorcio Geoespacial Abierto. www.opengeospatial.org.

[17] Sistema de Información Geográfica.

En su forma más simple, las bases de datos espaciales almacenan datos sobre objetos bidimensionales, 2,5 dimensionales y tridimensionales. Probablemente estés familiarizado con los objetos 2D y 3D, ya que interactuamos con ellos todo el tiempo.

Un objeto 2D tiene longitud y anchura. Un objeto 3D añade profundidad a la longitud y la anchura. Una página de este libro es un objeto 2D, mientras que todo el libro es un objeto 3D. ¿Y qué hay de 2.5D? Los objetos 2.5D son un tipo especial de datos espaciales. Son objetos 2D con la elevación como "media" dimensión extra. La mayoría de las bases de datos espaciales 2.5D contienen información cartográfica y, a menudo, se denominan SIG[18].

Los elementos atómicos de las bases de datos espaciales son líneas, puntos y polígonos. Pueden combinarse de cualquier manera para representar cualquier objeto limitado por 2, 2,5 o 3 dimensiones.

Debido a la naturaleza especial de los objetos de datos espaciales, los diseñadores han creado mecanismos de indexación, índices espaciales, diseñados para admitir consultas ad hoc y representaciones visuales del contenido de la base de datos.

Por ejemplo, un índice espacial respondería a la pregunta "¿Cuál es la distancia entre un punto y otro punto?" o "¿Una línea específica se interseca con un determinado conjunto de polígonos?" Si esto suena como un gran problema, es porque lo es.

Los datos espaciales pueden plantear el mayor desafío de los grandes datos.

---

[18] Sistema de Información Geográfica - Sistemas de Información Geográfica.

3.5.1 PostGIS / OpenGEO Suite.

PostGIS[19] es un proyecto de código abierto mantenido por Refractions Research[20] y está licenciado bajo la GNU GPL[21].

PostGIS también se proporciona como parte de la edición comunitaria de OpenGeo Suite y es ofrecido y soportado por OpenGeo[22] bajo una licencia empresarial.

PostGIS tiene un diseño ligeramente diferente al de las otras bases de datos discutidas en este libro. Es una implementación especializada en capas sobre una base de datos PostgreSQL.

Este enfoque combinado aporta los siguientes beneficios:

- Heredado de un RDBMS de SQL, como la integridad transaccional y ACID.

- Se hereda de la base de datos espacial, como la compatibilidad con las operaciones especializadas necesarias para las aplicaciones de reproducción espacial, la compatibilidad geodésica y la conversión de geometría.

---

[19] www.postgis.org

[20] www.refractions.net.

[21] Licencia Pública General. Es la designación de la licencia de software para software concebida por Richard Matthew Stallman en 1989, dentro del ámbito del proyecto GNU de la Free Software Foundation (FSF). Richard Stallman creó originalmente la licencia para el Proyecto GNU de acuerdo con las definiciones de software libre de la Free Software Foundation.

[22] www.opengeo.org.

Pero para tener una arquitectura con esta configuración, es necesario incorporar otros componentes para cumplir con los requisitos de las aplicaciones espaciales. Así, PostGIS se integra con un ecosistema de componentes diseñados para trabajar juntos para satisfacer estas necesidades, la Suite OpenGeo.

Además de PostGIS, OpenGEO Suite consta de los siguientes elementos:

- GeoServer. Implementado en Java, GeoServer puede publicar información espacial de varias de las principales fuentes de datos espaciales en la web. Puede integrarse con Google Earth y tiene un excelente front-end administrativo basado en la web.

- Capas abiertas. Una biblioteca de JavaScript que es útil para mostrar mapas y otras representaciones de datos espaciales en un navegador web. Puede manipular imágenes de la mayoría de las fuentes de mapas en la web, incluidos Bing Maps, Google Maps, Yahoo! Maps y OpenStreetMap.

- GeoExt. Diseñado para que la información de mapas de OpenLayers esté disponible para el desarrollador de aplicaciones web. Los widgets de GeoExt se pueden utilizar para crear experiencias web interactivas de edición, visualización, estilo y otras.

- GeoWebCache. Una vez que tenga los datos en un servidor y pueda mostrarlos en un navegador, deberá encontrar una manera de hacerlo rápido. GeoWebCache es el acelerador. Almacena en caché fragmentos de datos de imagen (llamados bloques) y los pone a disposición para su entrega rápida al dispositivo de visualización.

Si bien muchos de los usos de los datos espaciales involucran mapas y ubicaciones, los datos espaciales tienen muchas otras aplicaciones contemporáneas y futuras, entre ellas:

- Modelado 3D preciso del cuerpo humano, los edificios y la atmósfera.

- Recopilación y análisis de datos de redes de sensores.

- Integración con datos históricos para examinar el espacio/objetos 3D a lo largo del tiempo.

4 Cómo gestionar mejor el big data.

Las empresas ya son capaces de gestionar el Big Data por sí solas. A medida que más y más empresas adoptan plataformas de Big Data, existe la preocupación de que el desarrollo de aplicaciones pueda sufrir una falta de buenas prácticas para administrar los datos que las alimentan.

Cuando se trata de la gestión de big data que incluye hardware básico y Hadoop, está claro que las tecnologías de big data han creado la necesidad de herramientas y procesos de gestión de datos nuevos y diferentes.

La gestión de big data no solo incluye muchos de los enfoques convencionales para el modelado y la arquitectura de datos, sino que también implica un nuevo conjunto de tecnologías y procesos para permitir una mayor accesibilidad y usabilidad de los datos.

Una estrategia de gestión de big data debe abarcar herramientas que permitan el descubrimiento de datos, la preparación de datos, la accesibilidad de datos de autoservicio, la gestión colaborativa de metadatos semánticos, la estandarización y limpieza de datos y los mecanismos de procesamiento de flujos. Ser consciente de estas implicaciones puede acelerar drásticamente el tiempo de generación de valor de su programa de Big Data.

4.1 ¿Qué significa gestionar Big Data?

La gestión del Big Data es un reto que se ha vuelto imprescindible para muchas empresas y organizaciones en la actualidad. Con el avance de la tecnología y el crecimiento exponencial en la generación y almacenamiento de datos, cada vez hay más información disponible para ser analizada y utilizada estratégicamente. Sin embargo, lidiar con este inmenso volumen de datos requiere un enfoque sistemático y eficiente.

En términos simples, Big Data se refiere al conjunto de datos extremadamente voluminoso, variado y complejo que inunda las organizaciones a diario. Estos datos pueden ser estructurados (como bases de datos tradicionales), semiestructurados (como registros del servidor) o no estructurados (como correos electrónicos, vídeos, documentos de texto, publicaciones en redes sociales, etc.).

El objetivo de la gestión de big data es garantizar un alto nivel de calidad de los datos y accesibilidad para las aplicaciones de inteligencia empresarial y análisis de big data. Las corporaciones, las agencias gubernamentales y otras organizaciones emplean estrategias de gestión de big data para ayudarles a lidiar con conjuntos de datos en rápido crecimiento, que generalmente involucran muchos terabytes o incluso petabytes almacenados en una variedad de formatos de archivo.

La gestión eficaz de big data ayuda especialmente a las empresas a localizar información valiosa en grandes conjuntos de datos no estructurados y semiestructurados de una variedad de fuentes, incluidos registros de llamadas detallados, registros del sistema, sensores, imágenes y sitios de redes sociales.

La gestión de Big Data implica varios pasos y procesos. El primero y más importante de ellos es la recopilación de datos. Esto se puede hacer a través de diversas fuentes, como los sistemas internos de la organización, sensores, dispositivos móviles, redes sociales, sitios web, entre otros. El desafío aquí es garantizar que todos los datos se recopilen de manera precisa, relevante y oportuna.

Después de la recopilación, los datos deben almacenarse en una infraestructura adecuada, capaz de manejar la gran cantidad de información. Esto a menudo requiere el uso de tecnologías de almacenamiento distribuido como Hadoop y el sistema de archivos distribuido (DFS). Estas soluciones permiten dividir los datos en varias unidades de almacenamiento, lo que facilita su recuperación y procesamiento.

Una vez almacenados los datos, el siguiente paso es el análisis. El análisis de Big Data se puede dividir en varios enfoques, como el análisis descriptivo, el análisis predictivo y el análisis prescriptivo. El análisis descriptivo tiene como objetivo comprender el pasado y responder a preguntas como "¿qué pasó?".

El análisis predictivo busca predecir eventos futuros en función de los patrones y correlaciones que se encuentran en los datos. El análisis prescriptivo, por su parte, va más allá, recomendando acciones concretas para optimizar resultados y tomar decisiones estratégicas. Además, el análisis de Big Data también puede involucrar métodos estadísticos avanzados, aprendizaje automático e inteligencia artificial para descubrir información oculta e identificar patrones complejos en los datos.

Una de las principales razones por las que las organizaciones están interesadas en gestionar Big Data es la oportunidad de aprovechar esta información para obtener una ventaja competitiva. Con datos bien gestionados y un análisis adecuado, es posible identificar las tendencias del mercado, comprender mejor el comportamiento de los clientes, optimizar los procesos internos, identificar problemas y oportunidades de negocio, y mucho más.

Sin embargo, la gestión de big data presenta desafíos significativos. En primer lugar, es necesario contar con la infraestructura y la capacidad de almacenamiento adecuadas para manejar la enorme cantidad de datos. Esto requiere inversiones en servidores, redes, almacenamiento en la nube y otras tecnologías de Big Data.

En segundo lugar, la calidad de los datos también es un factor crítico. A menudo, los datos están incompletos, son incoherentes, están desactualizados o pueden contener errores. Por lo tanto, es esencial implementar procesos de limpieza, enriquecimiento e integración de datos para garantizar la confiabilidad y la calidad de los datos.

Además, la seguridad de los datos también es una preocupación clave. A medida que los datos se vuelven más valiosos y se utilizan más ampliamente, se convierten en objetivos frecuentes de los ciberataques. Por lo tanto, es vital adoptar medidas de seguridad sólidas, como cifrado, firewalls, autenticación de usuarios y copias de seguridad periódicas, para proteger la información.

Otro reto es la privacidad de los datos. Con la implementación de regulaciones como el GDPR (Reglamento General de Protección de Datos), las empresas deben asegurarse de cumplir con las leyes de privacidad y el consentimiento de los usuarios al recopilar, almacenar y utilizar datos.

4.2   Principales pautas de lo que se debe y no se debe hacer en Big Data.

Los gerentes de negocios están cambiando su forma de pensar sobre Big Data. Cada vez más, los líderes organizacionales reconocen la importancia de capturar y analizar datos estratégicamente por diferentes razones.

Para muchas corporaciones, este proceso se convierte rápidamente en un ejercicio irresistible. Con el acceso a nuevas fuentes de datos, como la transmisión de datos desde dispositivos, los datos no estructurados de las redes sociales y los datos transaccionales en línea, muchas empresas no saben por dónde empezar a buscar respuestas, y mucho menos cómo hacer las preguntas correctas.

Pero miren ese indicador impresionante. Según un estudio de IDG Research, solo el 26% de los encuestados dijo que sus empresas saben qué preguntas hacer.

Las 8 pautas de lo que se debe y no se debe hacer son las siguientes:

1º. Menos es más.

Cuando se trata de gestionar Big Data, es importante adoptar un enfoque estratégico desde el principio. Un consejo valioso es seguir la máxima del minimalismo: menos es más. En lugar de tratar de abordar un proyecto ambicioso a gran escala, es beneficioso comenzar con proyectos piloto más pequeños. Esto permite a las empresas probar la capacidad tecnológica y medir los resultados de una manera más directa y medible.

Comenzar con proyectos piloto es crucial por varias razones. En primer lugar, permite a las empresas evaluar el impacto y el valor añadido del Big Data en sus operaciones. Al comenzar con un proyecto más pequeño, es posible analizar cómo se pueden aplicar las soluciones de Big Data en un contexto específico y comprender mejor las necesidades y los desafíos involucrados.

Además, los proyectos piloto permiten a las empresas identificar qué tecnologías y enfoques funcionan mejor para sus necesidades, evitando inversiones innecesarias. Probar diferentes soluciones en un entorno controlado ayuda a determinar qué tecnologías son más eficientes, escalables y adecuadas para manejar los requisitos específicos de un conjunto de datos determinado.

A la hora de elegir proyectos piloto, es fundamental seleccionar los adecuados. Es importante tener en cuenta no solo la relevancia del proyecto para la empresa, sino también su viabilidad técnica. Los proyectos que son más fáciles de medir y tienen un alcance más manejable son ideales para empezar. Esto permite a las empresas alcanzar resultados tangibles y familiarizarse con los retos y oportunidades que ofrece el Big Data.

Además, es esencial involucrar a las partes interesadas y a los equipos relevantes. La colaboración efectiva es fundamental para el éxito de los proyectos y para lograr resultados significativos. Al involucrar a las partes interesadas desde el principio, es posible obtener información valiosa, compartir conocimientos y garantizar la alineación con las metas y objetivos del negocio.

Otro aspecto a tener en cuenta a la hora de trabajar con Big Data es la calidad general de los datos. A medida que los conjuntos de datos aumentan en tamaño y complejidad, es crucial garantizar la calidad y la integridad de los datos. Esto incluye la limpieza y estandarización de datos, la identificación y corrección de errores, y la garantía de que los datos estén actualizados y sean precisos.

Invertir en una estrategia eficaz de gestión de datos es clave para garantizar que los datos utilizados en los proyectos de Big Data sean fiables y precisos. Esto implica implementar procesos de recopilación, almacenamiento y análisis de datos de alta calidad, así como adoptar herramientas y tecnologías que faciliten la gestión y la gobernanza de datos.

También es importante tener en cuenta la seguridad de los datos en el contexto del Big Data. Se deben implementar medidas de seguridad sólidas para proteger los datos de amenazas internas y externas. Esto implica la adopción de encriptación, políticas de acceso restringido, monitoreo constante e implementación de controles de seguridad adecuados.

Es esencial que las empresas adopten un enfoque escalable a la hora de gestionar grandes volúmenes de datos. A medida que crece el volumen de datos, es necesario tener la capacidad de escalar la infraestructura y los recursos tecnológicos para manejar la demanda. Esto incluye la adopción de soluciones de almacenamiento en la nube, el uso de tecnologías de procesamiento distribuido como Hadoop y Spark, y la implementación de estrategias de escalabilidad horizontal.

2º. La medición es la clave del negocio.

Para gestionar mejor el Big Data, es crucial entender que la medición juega un papel clave. Al adoptar el enfoque correcto, es importante no dirigir todos los esfuerzos exclusivamente a satisfacer las necesidades de las áreas de negocio. Es esencial que las empresas piensen globalmente, pero actúen localmente para garantizar un éxito más tangible.

Una orientación estratégica efectiva es buscar proyectos que puedan tener un retorno de la inversión (ROI) medible de inmediato. Esto significa invertir en iniciativas que traigan resultados tangibles y cuantificables rápidamente, permitiendo una evaluación clara de los beneficios obtenidos del análisis de datos a gran escala.

Para ello, es necesario desarrollar una comprensión profunda de las necesidades y objetivos de la organización en su conjunto, con el fin de identificar las áreas en las que el Big Data puede contribuir considerablemente. Es importante involucrar a todos los sectores relevantes, desde el departamento de TI hasta las ventas, marketing y finanzas, entre otros.

Otro aspecto crucial es asegurar la implementación de sistemas adecuados para la recopilación, almacenamiento y análisis de grandes volúmenes de datos. Esto implica la adopción de tecnologías avanzadas como el almacenamiento en la nube, el procesamiento distribuido y las herramientas de minería de datos.

Es fundamental contar con un equipo formado y experimentado para hacer frente al Big Data. Esto incluye profesionales que se especializan en análisis de datos, estadísticas, ciencia de datos y conocimiento de tecnologías relacionadas. Este equipo debe estar preparado para extraer información significativa de los datos y convertirla en información procesable para impulsar la toma de decisiones estratégicas.

No enfocar los esfuerzos exclusivamente en las necesidades de las áreas de negocio. El éxito es más tangible cuando las empresas piensan globalmente pero actúan localmente. El objetivo es encontrar proyectos con un retorno de la inversión medible de inmediato".

3º. Adopta un enfoque paso a paso.

Para gestionar mejor el Big Data, se recomienda adoptar un enfoque paso a paso. Muchas empresas cometen el error de tratar de resolver problemas desconocidos con datos desconocidos, lo que puede conducir a resultados ineficaces o incluso a un desperdicio de recursos. Las empresas más exitosas, por otro lado, comienzan abordando un problema conocido de una manera nueva e innovadora.

Este enfoque gradual le permite construir una base sólida de conocimiento y experiencia en el uso de Big Data. Al comenzar por resolver un problema conocido, las empresas tienen la oportunidad de aprender y mejorar sus estrategias, al mismo tiempo que se familiarizan con los datos y las herramientas de análisis disponibles.

Después de resolver el problema conocido con nuevos enfoques y técnicas, el siguiente paso es aplicar los conocimientos adquiridos para resolver el mismo problema utilizando los nuevos datos disponibles. Esta comparación directa permite evaluar el impacto de los enfoques innovadores y la eficacia de los nuevos datos para resolver el problema.

A medida que la empresa adquiere experiencia y conocimientos en el uso de Big Data, es posible ampliar el alcance y resolver problemas desconocidos. Los nuevos datos disponibles pueden revelar desafíos y oportunidades que no se conocían anteriormente. De esta manera, la compañía es capaz de explorar nuevas áreas de negocio y tomar decisiones más informadas, impulsando su crecimiento.

Este enfoque paso a paso aporta una serie de beneficios, como una transición fluida al uso de Big Data, minimizando el riesgo y garantizando resultados tangibles. Además, a lo largo del proceso, la empresa desarrolla competencias fundamentales, como una cultura basada en datos, la formación del equipo y la selección de las mejores herramientas y tecnologías disponibles.

4º. Piensa estratégicamente, actúa tácticamente.

La orientación para gestionar mejor el Big Data implica un enfoque estratégico y táctico. Muchas empresas optan por proyectos de Big Data con el objetivo de resolver un problema de negocio concreto. Sin embargo, este enfoque a menudo se ve como un experimento aislado sin continuidad.

Para lograr resultados exitosos, es fundamental establecer objetivos estratégicos claros. De esta forma, se podrán llevar a cabo una serie de proyectos que se complementen entre sí y aporten al valor y potencial efectivo del Big Data.

Pensar estratégicamente implica entender cuáles son los retos y oportunidades que el Big Data puede ofrecer a la empresa. Es necesario evaluar cómo y dónde se pueden recopilar, almacenar y analizar los datos con el fin de proporcionar información valiosa para la toma de decisiones. Además, es importante determinar qué objetivos de negocio se quieren alcanzar mediante el uso de Big Data.

La actuación táctica, por otro lado, se refiere a la implementación de proyectos y la creación de una infraestructura de Big Data adecuada. Esto incluye la selección de las herramientas y tecnologías más adecuadas, la definición de los procesos de recopilación y procesamiento de datos y la formación del equipo responsable de la gestión del Big Data.

Un enfoque estratégico y táctico de la gestión del Big Data permite a las empresas aprovechar al máximo el potencial de esta tecnología. Al llevar a cabo proyectos consistentes y continuos, es posible obtener información valiosa, mejorar los procesos, identificar oportunidades de crecimiento y, en consecuencia, obtener una ventaja competitiva.

Es importante recalcar que todo este proceso también requiere de una cultura organizacional enfocada en valorar y utilizar eficazmente el Big Data. Se requiere la participación y el compromiso de los empleados, así como una mentalidad abierta para la adopción del cambio y la innovación.

5º. Distribuya sus datos.

La orientación a una mejor gestión del Big Data pasa por la distribución inteligente de los datos entre diferentes servidores. Cuando se trata de cantidades masivas de información, es importante reconocer que es poco probable que un solo servidor pueda administrar de manera eficiente todos estos datos.

La distribución de los datos entre varios servidores tiene una serie de ventajas. En primer lugar, permite una mejor utilización de los recursos disponibles, ya que cada servidor puede centrarse en una parte específica de los datos. Esto conduce a una mayor potencia de procesamiento y un tiempo de respuesta más corto.

Además, la distribución de datos proporciona una mayor redundancia y resiliencia. Si un servidor tiene problemas técnicos o fallos, los demás servidores continuarán funcionando normalmente, asegurando la disponibilidad continua de los datos.

Otra ventaja de la distribución de datos es la capacidad de escalar horizontalmente. A medida que aumenta la cantidad de datos, es posible agregar más servidores al clúster, lo que garantiza una capacidad adecuada de almacenamiento y procesamiento.

Sin embargo, es importante tener en cuenta que la distribución de datos requiere un enfoque cuidadoso. Se deben tener en cuenta factores como la estructura de datos, los patrones de acceso y los requisitos de rendimiento para determinar la mejor manera de particionar y distribuir los datos entre servidores.

Además, es esencial tener en cuenta los desafíos de sincronización y coordinación cuando se trabaja con datos distribuidos. Se deben implementar mecanismos y protocolos adecuados para garantizar la coherencia y la integridad de los datos en todo el clúster.

6º. No confíe en un solo enfoque para el análisis de Big Data.

La orientación a una mejor gestión del Big Data implica no depender de un único enfoque para el análisis de datos. Es esencial invertir tiempo en investigar y explorar las diversas tecnologías disponibles que pueden ayudar en este proceso. La experimentación y la investigación de soluciones tecnológicas pueden ser un elemento crucial para el éxito de su empresa en esta área.

El entorno del Big Data está en constante evolución, con la aparición de nuevas herramientas y tecnologías que permiten la recopilación, el almacenamiento y el análisis eficaces de grandes volúmenes de datos. Por lo tanto, es esencial mantenerse al día con las tendencias e innovaciones de la industria para aprovechar al máximo el potencial del Big Data.

Existen varias opciones tecnológicas disponibles para ayudar en la gestión y análisis de Big Data. Entre ellas se encuentran las plataformas de procesamiento y almacenamiento distribuido, los sistemas de gestión de bases de datos especializados, las herramientas de visualización de datos y las técnicas analíticas avanzadas, como el aprendizaje automático y la inteligencia artificial.

Investigar y experimentar con diferentes tecnologías te permite identificar las que mejor se adaptan a las necesidades específicas de tu empresa. Cada solución tiene sus propias ventajas y desafíos, por lo que es importante tener en cuenta factores como la escalabilidad, el rendimiento, la facilidad de uso, el costo y la capacidad de integración con los sistemas existentes de su organización.

Además, la investigación y experimentación de soluciones tecnológicas no se limita solo a las herramientas disponibles en el mercado. También es posible explorar soluciones personalizadas, desarrolladas internamente o en asociación con proveedores especializados. Este enfoque le permite adaptar las soluciones a las necesidades específicas de su empresa y lograr un mayor grado de eficiencia y eficacia en el análisis de big data.

Es importante destacar que esta exploración e investigación tecnológica requiere inversión de tiempo, recursos y conocimientos especializados. Es necesario dedicar los recursos adecuados a la investigación, prueba e implementación de las soluciones seleccionadas.

7º. No descuides la necesidad de integrar los datos.

La orientación para una mejor gestión de big data incluye la necesidad fundamental de integrar los datos. No se puede pasar por alto la importancia de conectar y combinar diferentes fuentes de datos en un solo ecosistema, ya que esto es esencial para obtener información valiosa y tomar decisiones estratégicas informadas.

Cuando las fuentes de big data están aisladas entre sí, es difícil tener una visión completa e integral de la información. Si bien cada fuente puede proporcionar información valiosa por sí sola, el verdadero poder de los grandes datos se desbloquea cuando estas fuentes se integran y analizan juntas.

Afortunadamente, existen tecnologías avanzadas disponibles en el mercado que se centran específicamente en facilitar la integración de los resultados del análisis de Big Data con otras fuentes de datos. Estas tecnologías ofrecen sólidas capacidades de integración y permiten a las organizaciones agregar y correlacionar información de una variedad de fuentes, como bases de datos internas, redes sociales, datos de sensores y más.

Al estar preparadas no solo para analizar, sino también para integrar datos, las empresas pueden obtener una visión más completa y contextualizada de su entorno empresarial. Esto permite descubrir información más precisa y profunda, que puede conducir a una comprensión más completa de los clientes, identificando patrones y tendencias, detectando oportunidades de mercado y mejorando la toma de decisiones estratégicas.

Sin embargo, la integración de datos no es un proceso sencillo y puede presentar desafíos. Las diferentes fuentes de datos pueden tener diferentes formatos, estructuras y sistemas de gestión, lo que requiere un mapeo y una transformación cuidadosos de los datos para garantizar su compatibilidad y coherencia.

Además, es importante tener en cuenta aspectos como la privacidad, la seguridad y el cumplimiento a la hora de realizar la integración de datos. Proteger la confidencialidad e integridad de la información, así como garantizar el cumplimiento de las regulaciones relevantes, es fundamental en un entorno de Big Data.

8º. No olvide gestionar los datos de forma segura.

La orientación para una mejor gestión de big data incluye la necesidad crucial de priorizar la seguridad y la gobernanza de los datos. Es habitual que las empresas, a la hora de embarcarse en el análisis de Big Data, se centren exclusivamente en las posibilidades y ventajas que pueden ofrecer los datos, dejando de lado la importancia de mantener el mismo nivel de seguridad y gobernanza de los datos que se encuentra en los entornos tradicionales de gestión de datos.

Sin embargo, el Big Data, con sus enormes cantidades de información y el uso de tecnologías disruptivas, presenta desafíos únicos en términos de seguridad y gobernanza. Ignorar estos aspectos puede conllevar graves riesgos, como violaciones de la privacidad, fuga de datos sensibles y daños a la reputación de la empresa.

El primer paso para garantizar la seguridad de los datos de Big Data es implementar medidas de protección adecuadas, como el cifrado, la autenticación y la autorización.

Es crucial contar con políticas claras de acceso y control de la información, así como con mecanismos sólidos para monitorear y detectar actividades sospechosas.

Además, es fundamental establecer una gobernanza eficaz de los datos Big Data. Esto significa definir políticas y directrices para la recopilación, el almacenamiento, el análisis y el intercambio de datos, garantizando el cumplimiento de las normativas y estándares aplicables. También es importante designar responsabilidades claras y establecer un proceso de toma de decisiones transparente con respecto a la gestión y protección de datos.

Otro aspecto crítico es la concienciación y la formación de los empleados. Todos los miembros del equipo deben ser conscientes de las buenas prácticas de seguridad y gobernanza de los datos, así como de los riesgos que conlleva el manejo de la información de Big Data. La cultura organizacional debe priorizar la seguridad de los datos, promoviendo la importancia de la protección de la privacidad y el cumplimiento de las políticas establecidas.

Además, es vital mantenerse al día con los cambios en los requisitos regulatorios y legales relacionados con la seguridad y la privacidad de los datos. Es necesario estar al día de las leyes de protección de datos, como la Ley General de Protección de Datos (LGPD) en Brasil y el Reglamento General de Protección de Datos (RGPD) en la Unión Europea, y garantizar su cumplimiento mediante prácticas adecuadas.

No hay que olvidar que la gestión segura de los datos Big Data también requiere la implementación de medidas de seguridad física, como el control de acceso a las instalaciones y la protección contra robos y daños físicos en los servidores y la infraestructura de almacenamiento.

Además, es importante considerar la realización de auditorías periódicas para identificar posibles vulnerabilidades y garantizar que los controles de seguridad sean efectivos. Esto incluye la revisión de políticas, procedimientos y sistemas de seguridad, así como la realización de pruebas de penetración y evaluaciones de cumplimiento.

Al recordar que deben gestionar los datos de forma segura en el contexto de Big Data, las empresas pueden mitigar el riesgo y proteger la confidencialidad, la integridad y la disponibilidad de su información crítica. Esto no solo evita posibles daños financieros y de reputación, sino que también infunde confianza en los clientes, socios y otras partes interesadas.

Cuando las empresas se embarcan en el análisis de big data, a menudo se olvidan de mantener el mismo nivel de seguridad y gobernanza de datos que se asume en los entornos tradicionales de gestión de datos.

No existe una fórmula mágica cuando se trata de análisis de datos, pero el éxito puede comenzar con una estrategia sólida. Esperamos que pueda utilizar estos consejos para recopilar información valiosa que le ayude a optimizar los procesos o incluso a mejorar las mejoras de cara al cliente.

4.3   Consejos para obtener mejores resultados.

Aquí hay nueve consejos importantes de gestión de Big Data que siempre es bueno conocer para garantizar la consistencia y la confianza en sus resultados analíticos.

1º. Tratar de reducir a cero el riesgo de incoherencias e interpretaciones contradictorias es un objetivo.

Para reducir el riesgo de incoherencias e interpretaciones contradictorias, es necesario aplicar siempre buenas prácticas en la gestión de metadatos para grandes conjuntos de datos.

Esto significa adoptar procedimientos sólidos para documentar el glosario de negocios, mapear los términos de negocios a los elementos de datos y mantener un entorno colaborativo para compartir interpretaciones y métodos de manipulación de datos con fines analíticos.

La gestión de Big Data implica un nuevo conjunto de tecnologías y procesos para permitir una mayor accesibilidad y usabilidad de los datos.

2º. La calidad puede ser engañosa.

En los sistemas convencionales, la estandarización y la limpieza de datos se aplican para almacenar los datos en su modelo predefinido. Una de las consecuencias de la implementación de Big Data, que recupera los datos en su formato original, es que no se aplica ninguna limpieza o estandarización cuando se capturan los conjuntos de datos.

3º. El rendimiento mejora cuando se domina la arquitectura.

Las plataformas de Big Data se basan en nodos de procesamiento y almacenamiento de datos para la computación paralela mediante almacenamiento distribuido.

Sin embargo, si no está familiarizado con los detalles de cualquier modelo de ejecución y optimización de consultas SQL en Hadoop, su equipo puede verse desagradablemente sorprendido por tiempos de respuesta muy deficientes.

Por ejemplo, las uniones complejas pueden requerir que partes de conjuntos de datos distribuidos se transmitan a todos los nodos de proceso, lo que hace que se inyecten innumerables fragmentos de datos en la red y cree un cuello de botella de rendimiento significativo.

La conclusión es que comprender cómo la arquitectura de big data organiza los datos y cómo el modelo de ejecución de la base de datos optimiza las consultas ayudará a los equipos de programación a escribir aplicaciones de mayor rendimiento.

4º. Concentrar los datos de las transacciones financieras.

Es natural que una empresa realice transacciones financieras a diario. Cuando esto sucede, debe asegurarse de que los datos relacionados se almacenen correctamente en una sola ubicación.

Tener todos los datos de las transacciones financieras almacenados es importante para que los pagos siempre se realicen de manera rápida y práctica, fortaleciendo también la relación de su empresa con sus proveedores.

5º. Hacer uso de los datos en la toma de decisiones asertivas.

La asertividad es un concepto que muchas veces se ve de manera equivocada, como si estuviera relacionado con el éxito. Sin embargo, algo asertivo se ve más como una forma de posicionarse, de hacer algo de manera clara, objetiva y transparente.

Es por ello que se dice, en el entorno empresarial, que la toma de decisiones debe ser asertiva en las empresas, y el Big Data puede ser útil para ello.

6º. Estamos en un nuevo mundo de streaming.

En el pasado y hasta hace poco, gran parte de los datos recopilados y consumidos con fines analíticos se originaban dentro de la empresa y se almacenaban en repositorios de datos estáticos.

Actualmente, hay una explosión de datos en streaming. Tenemos el contenido generado por humanos, como datos transmitidos desde canales de redes sociales, blogs, correos electrónicos, etc.

Disponemos de datos generados por máquinas a partir de numerosos sensores, dispositivos, medidores y otras máquinas conectadas a Internet. Hemos generado automáticamente contenido de streaming, como el registro de eventos web. Todas estas fuentes generan grandes cantidades de datos y son la principal fuente de análisis.

7º. La disponibilidad lo es todo cuando se trata de Big Data.

Los usuarios de hoy en día quieren acceder a los datos operativos y prepararlos y hacer referencias cruzadas de las fuentes de datos de Big Data para crear sus informes y análisis en función de sus necesidades empresariales.

La disponibilidad del Big Data es fundamental para este tipo de comportamientos, ya que la empresa no invierte en esta tecnología para tener que esperar a la recuperación de la indisponibilidad para la toma de decisiones que presupone flujos continuos de datos en tiempo real.

8º. No es el modelo de datos de la década de 1970.

En un enfoque más tradicional, la captura y el almacenamiento de datos para la generación de informes y el análisis se centra en la absorción de datos en una estructura predefinida. Pero, en el mundo de la gestión de Big Data, la expectativa es que tanto los conjuntos de datos estructurados como los no estructurados puedan procesarse y almacenarse en sus formatos originales o sin procesar, evitando el uso de modelos de datos predefinidos.

La ventaja es que los diferentes usuarios pueden adaptar los conjuntos de la manera que mejor se adapte a sus necesidades.

9º. Aproveche el Big Data en la industria financiera.

Son muchos los datos que generan las empresas cada día, independientemente de su tamaño o tamaño. Estos datos incluyen información financiera, como informes de flujo de caja, el método de pago elegido por los clientes, los gastos incurridos por la empresa en un período determinado, etc.

Todos estos datos, entre otros, afectan directamente al sector financiero de las empresas y es por ello que se debe utilizar el Big Data, con el fin de que todo esto esté más organizado y brinde mejores resultados involucrando a las finanzas.

El Big Data también puede ayudar en la prevención del fraude y el análisis del perfil de cada cliente. Otra ventaja es la posibilidad de utilizar los datos para ayudar a predecir las fluctuaciones económicas y del mercado, de modo que las inversiones puedan ser más precisas y seguras.

5   Herramientas y recursos de gestión de Big Data.

Las herramientas básicas de gestión de datos también son componentes esenciales para la gestión de big data. Esto incluye software de integración de datos que admite múltiples técnicas de integración, como los procesos ETL (Extracción, Transformación y Carga) tradicionales.

Estos procesos se encargan de extraer datos de diversas fuentes, transformarlos para cumplir con los requisitos del análisis y, a continuación, cargarlos en un destino, como un almacén de datos o un lago de datos. El software de integración de datos también puede incluir capacidades de mapeo visual para facilitar el mapeo de datos entre diferentes sistemas.

5.1   ETL frente a ELT.

Un enfoque alternativo a ETL es la extracción, carga y transformación (ELT), en la que los datos se cargan en el sistema de big data exactamente tal como están y, a continuación, se transforman según sea necesario. Este enfoque puede ser más eficiente para manejar grandes volúmenes de datos, ya que el procesamiento pesado tiene lugar en el entorno de big data, que suele ser muy escalable.

La diferencia entre ETL (Extraer, Transformar, Cargar) y ELT (Extraer, Cargar, Transformar) es fundamental en el proceso de gestión e integración de datos. Ambos enfoques son ampliamente utilizados en la preparación y manipulación de grandes volúmenes de datos, pero existen distinciones importantes entre ellos.

Comencemos con ETL. Este enfoque tradicional implica tres pasos distintos: extracción, transformación y carga. En el proceso ETL, los datos se extraen inicialmente de varias fuentes, como bases de datos, sistemas heredados, API o archivos CSV.

Luego, los datos extraídos pasan por una etapa de transformación, donde se limpian, enriquecen, combinan y formatean para cumplir con los requisitos específicos del proyecto o análisis que se va a realizar. Por último, los datos transformados se cargan en un almacén de datos u otro entorno de almacenamiento para su análisis.

El enfoque ELT, por otro lado, invierte el orden de los pasos del proceso. Inicialmente, los datos se extraen de las distintas fuentes y luego se cargan directamente en el entorno de almacenamiento, que puede ser un lago de datos o un almacén de datos. La fase de transformación tiene lugar posteriormente, dentro del entorno de almacenamiento, utilizando herramientas específicas o servicios de procesamiento distribuido. Esto permite que los datos en bruto se conserven en el almacenamiento sin necesidad de transformarlos inmediatamente en la etapa de extracción.

Hay algunas ventajas específicas asociadas con cada enfoque. En el caso de ETL, la transformación de los datos se produce antes del almacenamiento, lo que permite que los datos estén listos para ser utilizados en informes o análisis, reduciendo el tiempo necesario para la preparación posterior. Además, ETL es especialmente adecuado cuando existe la necesidad de consolidar e integrar datos de diferentes fuentes en un solo esquema.

Por otro lado, ELT destaca por su escalabilidad y flexibilidad. Al cargar los datos sin procesar directamente en el entorno de almacenamiento, puede explorar y transformar los datos más adelante

Además, las herramientas de integración de datos también están evolucionando para manejar la integración en tiempo real. En lugar de centrarse en cargas por lotes, estas herramientas son capaces de capturar y procesar datos en tiempo real, lo que permite el análisis y la toma de decisiones en tiempo real basados en información actualizada.

Otro componente clave en la gestión de big data es el software de calidad de datos. Esta herramienta se utiliza para automatizar las tareas de limpieza, validación y enriquecimiento de datos, lo que garantiza que los datos sean correctos, coherentes y fiables para el análisis. La calidad de los datos es fundamental para obtener resultados precisos y fiables de los análisis de big data.

5.2   Hadoop frente a Apache Spark.

Además de las herramientas de gestión de datos, existen varias soluciones de almacenamiento y procesamiento específicas para big data. Hadoop es uno de los frameworks más populares para el procesamiento distribuido de big data. Permite el procesamiento paralelo de grandes volúmenes de datos en clústeres de servidores básicos mediante la división de tareas en múltiples unidades de trabajo. Hadoop se compone de varias herramientas, como HDFS (Hadoop Distributed File System) para el almacenamiento distribuido, MapReduce para el procesamiento paralelo y marcos adicionales, como Hive, Pig y HBase, que facilitan la consulta, el análisis y la manipulación de datos.

Además de Hadoop, otra tecnología popular en la gestión de big data es Spark. Apache Spark es un motor de procesamiento de datos en memoria que proporciona velocidad y eficiencia para análisis a gran escala. Spark ofrece una API enriquecida y admite varios lenguajes de programación, lo que permite a los desarrolladores crear canalizaciones de datos complejas y realizar operaciones avanzadas como el aprendizaje automático y el procesamiento de gráficos.

Hadoop y Apache Spark son dos potentes herramientas utilizadas en el ecosistema de big data, cada una con sus propias características y capacidades únicas. Si bien comparten algunas similitudes en el procesamiento y análisis de grandes volúmenes de datos, existen diferencias clave entre los dos.

Hadoop es un marco de código abierto desarrollado para manejar el almacenamiento distribuido y el procesamiento de grandes conjuntos de datos en clústeres de hardware común. En esencia, Hadoop consta de dos componentes principales: el sistema de archivos distribuido de Hadoop (HDFS) para el almacenamiento distribuido y el modelo de procesamiento MapReduce para el procesamiento de datos distribuidos. HDFS divide los datos en bloques y los distribuye entre varios nodos del clúster, lo que garantiza la tolerancia a errores y la alta disponibilidad.

MapReduce permite el procesamiento paralelo dividiendo los datos y las tareas en subconjuntos más pequeños, que se procesan en el clúster y se combinan para lograr el resultado final.

Por otro lado, Apache Spark es otro marco de computación distribuida de código abierto diseñado para manejar el procesamiento y análisis de datos a gran escala. A diferencia de Hadoop, Spark ofrece un modelo de programación más flexible y expresivo, lo que permite a los desarrolladores escribir tareas complejas de procesamiento de datos de manera más eficiente.

Spark ofrece procesamiento de datos en memoria, lo que acelera significativamente el cálculo al mantener los datos en la memoria en lugar de depender únicamente del almacenamiento en disco. Además, Spark ofrece una amplia gama de capacidades de procesamiento de datos más allá del modelo tradicional de MapReduce, como el procesamiento por lotes, la transmisión en tiempo real, el aprendizaje automático y el procesamiento de gráficos, lo que lo convierte en una opción versátil para diversos casos de uso de big data.

Una de las principales diferencias entre Hadoop y Spark está en sus características de rendimiento. Debido a su dependencia del almacenamiento en disco y a la sobrecarga del modelo de procesamiento MapReduce, Hadoop puede tener tiempos de ejecución de consultas más lentos en comparación con Spark, especialmente para tareas de análisis iterativas e interactivas.

Las capacidades de procesamiento en memoria de Spark y su capacidad para almacenar datos intermedios en la memoria conducen a un procesamiento de datos y una ejecución de consultas mucho más rápidos, lo que es especialmente beneficioso para cargas de trabajo interactivas o en tiempo real.

Otra diferencia importante está en las interfaces de programación. Hadoop utiliza principalmente el lenguaje Java para desarrollar las tareas de MapReduce, aunque también hay opciones para utilizar otros lenguajes como Python o Pig Latin.

Por otro lado, Spark proporciona un amplio conjunto de API que admiten la codificación en varios lenguajes, incluidos Java, Scala, Python y R, lo que permite a los desarrolladores elegir el lenguaje con el que se sientan más cómodos. Esta flexibilidad hace que Spark sea más accesible para un público más amplio de desarrolladores y facilita la integración con los flujos de trabajo de procesamiento de datos existentes.

En términos de ecosistema y apoyo de la comunidad, tanto Hadoop como Spark tienen comunidades vibrantes y diversos ecosistemas de herramientas y tecnologías complementarias. Hadoop tiene un ecosistema más maduro, con una amplia variedad de herramientas y proyectos que lo admiten, como Hive para consultas SQL, HBase para bases de datos NoSQL y Flume para la ingesta de datos en tiempo real. Spark, aunque es más nuevo, también tiene un ecosistema en crecimiento, con herramientas como Spark SQL para consultas SQL, MLlib para aprendizaje automático e integración con otras bibliotecas de big data populares.

A la hora de decidir entre Hadoop y Spark, es importante tener en cuenta los requisitos y características específicos del proyecto. Para tareas que requieren procesamiento distribuido tradicional e integración con el ecosistema de Hadoop, Hadoop puede ser una opción ideal. Spark, por otro lado, es más adecuado para tareas que se benefician del procesamiento en memoria y una amplia gama de capacidades de procesamiento de datos.

Hadoop sigue siendo una opción sólida para las cargas de trabajo de big data, mientras que Spark sigue ganando popularidad por su velocidad y flexibilidad. Ambos tienen sus ventajas y desventajas, y la elección depende de las necesidades y objetivos del proyecto.

5.3   Lagos de datos frente a almacenes de datos.

En el contexto del almacenamiento de datos, los lagos de datos han ganado protagonismo como un enfoque para almacenar grandes volúmenes de datos sin procesar de múltiples fuentes en su formato nativo. Los lagos de datos a menudo se construyen en la nube y ofrecen flexibilidad y escalabilidad para manejar el crecimiento continuo de los datos. Estos repositorios de datos permiten un acceso fácil y rápido a los datos sin procesar, lo que permite explorarlos y analizarlos más a fondo.

Además de los lagos de datos, los almacenes de datos se utilizan para almacenar y organizar datos estructurados con fines analíticos. Los almacenes de datos están diseñados para proporcionar consultas rápidas y eficientes, a menudo utilizando esquemas de almacenamiento e índices optimizados. Estos sistemas son populares en empresas que tienen requisitos de análisis de datos más estructurados y necesitan respuestas rápidas a preguntas específicas.

Los lagos de datos y los almacenes de datos son dos términos de uso común en el mundo del almacenamiento y procesamiento de datos. Si bien ambos tienen el propósito principal de almacenar y administrar grandes cantidades de datos, existen algunas diferencias clave entre ellos.

Un lago de datos, como su nombre indica, es un repositorio centralizado de datos sin procesar. Almacena todo tipo de datos, ya sean estructurados, semiestructurados o no estructurados, en su formato original. Esto significa que los datos no se transforman ni se procesan antes de almacenarlos en el lago de datos. Este enfoque ofrece flexibilidad y escalabilidad, ya que todos los datos se mantienen en su forma sin procesar y se pueden utilizar para una variedad de propósitos, como análisis, modelado de aprendizaje automático e informes. Además, el lago de datos permite la inclusión de datos en tiempo real, como transmisiones de streaming. Sin embargo, sin una capa de organización adecuada, el lago de datos puede convertirse en un "cementerio de datos", donde los datos pueden resultar difíciles de navegar y entender.

Por otro lado, un almacén de datos es un repositorio de datos estructurados, optimizado para consultas y análisis de datos. A diferencia del lago de datos, los datos del almacén de datos pasan por un proceso de modelado, limpieza y transformación antes de almacenarse. Este proceso se conoce como ETL (Extracción, Transformación y Carga).

El objetivo es organizar los datos de una manera que sea más fácilmente comprensible y accesible para el análisis empresarial. Generalmente, los almacenes de datos siguen un esquema dimensional, con tablas de hechos y dimensiones, lo que permite realizar consultas complejas y obtener información valiosa. Sin embargo, el almacén de datos puede ser más rígido y menos flexible en comparación con el lago de datos, ya que los datos se estructuran antes de almacenarse.

Entonces, ¿cuál es la mejor opción? La elección entre data lake y data warehouse depende de las necesidades y objetivos de cada empresa o proyecto. El lago de datos es más adecuado cuando hay

5.4   Apache Hive contra Apache Impala.

En términos de consulta y análisis de datos, las herramientas de consulta SQL como Apache Hive y Apache Impala ofrecen una forma familiar de interactuar con datos de big data utilizando el lenguaje de consulta estructurado SQL. Estas herramientas permiten a los usuarios ejecutar consultas y agregaciones complejas en grandes conjuntos de datos, lo que facilita la extracción de información y la generación de informes.

Apache Hive y Apache Impala son dos herramientas populares en el ecosistema de Hadoop que se utilizan para consultar y procesar datos. Si bien ambos están destinados a facilitar el acceso a los datos almacenados en Hadoop, existen algunas diferencias clave entre ellos.

Hive es una capa de abstracción que permite consultas SQL en grandes conjuntos de datos en Hadoop. Está construido sobre el marco MapReduce de Hadoop y utiliza un lenguaje similar a SQL llamado HiveQL para escribir consultas. Hive está diseñado para trabajar con datos estructurados y sigue un enfoque por lotes, lo que significa que las consultas se procesan en grandes lotes. Esto hace que Hive sea más adecuado para consultas complejas que implican grandes volúmenes de datos. Sin embargo, debido a la naturaleza por lotes de Hive, el tiempo de latencia puede ser más largo en comparación con otras soluciones.

Por otro lado, Impala es un motor de consultas interactivo y de alto rendimiento para Hadoop. A diferencia de Hive, Impala está diseñado para consultas en tiempo real y acceso rápido a los datos. Está diseñado para admitir consultas interactivas y ad hoc, ofreciendo baja latencia. Impala también utiliza un lenguaje similar a SQL, conocido como Impala SQL, para realizar consultas. Aprovecha la memoria distribuida para almacenar datos intermedios, lo que da como resultado una ejecución de consultas más rápida. Sin embargo, Impala tiende a tener un mejor rendimiento en las consultas de datos estructurados, mientras que puede ser menos eficiente en escenarios de datos semiestructurados o no estructurados.

Otra diferencia significativa entre Hive e Impala es la forma en que manejan el almacenamiento de datos. Hive se basa en tablas particionadas e interactúa directamente con el almacenamiento distribuido de Hadoop, como HDFS o Amazon S3.

Por otro lado, Impala tiene su propio formato de almacenamiento distribuido, Kudu, que está diseñado para ofrecer alta velocidad y baja latencia para las consultas. Kudu admite tanto la entrada de datos como la consulta, lo que lo convierte en una opción atractiva para casos de uso que requieren operaciones simultáneas de escritura y lectura.

Por lo tanto, Apache Hive es una opción sólida para consultas por lotes y procesamiento de datos a gran escala, adecuada para casos de uso que involucran grandes volúmenes de datos estructurados. Hive ofrece la flexibilidad de SQL y la integración con el ecosistema de Hadoop. Por otro lado, Apache Impala destaca por su velocidad y rendimiento en consultas interactivas y en tiempo real. Es ideal para casos de uso que exigen baja latencia y acceso rápido a datos estructurados.

Sin embargo, es importante tener en cuenta que Hive e Impala no son necesariamente competidores directos. De hecho, pueden complementarse entre sí en diferentes escenarios de uso. Muchas organizaciones adoptan un enfoque híbrido, utilizando Hive para las consultas por lotes y la preparación de datos, e Impala para las consultas interactivas y la exploración de datos en tiempo real.

La elección entre Hive e Impala depende de las necesidades específicas del proyecto y de las características de los datos a procesar. Es importante tener en cuenta factores como el rendimiento, la flexibilidad, el tiempo de respuesta y el tamaño del conjunto de datos a la hora de decidir qué herramienta utilizar. Ambas opciones tienen su valor y pueden desempeñar un papel importante en el ecosistema de Hadoop, dependiendo del contexto y los requisitos del proyecto en cuestión.

5.5   Apache Cassandra frente a MongoDB.

Además de las herramientas mencionadas, hay muchas otras soluciones y plataformas de gestión de big data disponibles. Algunos ejemplos incluyen Apache Cassandra y MongoDB, que son bases de datos NoSQL diseñadas para manejar grandes volúmenes de datos no estructurados y semiestructurados. Estas soluciones son altamente escalables y permiten consultas rápidas y flexibles en conjuntos de datos distribuidos.

Ambos están diseñados para la escalabilidad horizontal y la flexibilidad del esquema, pero existen diferencias significativas entre ellos.

Apache Cassandra es una base de datos distribuida, altamente escalable y de alta disponibilidad diseñada para manejar grandes volúmenes de datos y cargas de trabajo intensivas de lectura y escritura. Sigue un modelo de datos basado en columnas, lo que significa que los datos se organizan en tablas de columnas.

Cassandra es conocida por su capacidad para manejar grandes volúmenes de datos y por su arquitectura distribuida, lo que le permite ejecutarse en múltiples nodos y centros de datos, ofreciendo alta disponibilidad y tolerancia a fallos. Además, Cassandra admite consultas a través de su lenguaje de consulta Cassandra Query Language (CQL).

Por otro lado, MongoDB es una base de datos NoSQL orientada a documentos. Almacena datos en documentos en formato BSON (JSON binario), que es una representación binaria de JSON. Esto permite flexibilidad de esquema, donde los documentos no tienen que seguir una estructura rígida.

MongoDB es conocido por su facilidad de uso, escalabilidad y consultas enriquecidas. Admite una variedad de consultas, incluidas consultas ad hoc, agregación de datos e indexación flexible. MongoDB también ofrece funciones avanzadas como la replicación y el equilibrio automático de carga.

En lo que respecta a la escalabilidad, Cassandra está diseñado para manejar grandes volúmenes de datos y ofrece una gran consistencia en los datos escritos. Es adecuado para entornos en los que la escalabilidad y la disponibilidad son críticas, como los sistemas de gestión de contenidos, las aplicaciones de redes sociales y el análisis de big data en tiempo real.

MongoDB, por su parte, es el más adecuado para aplicaciones que requieren flexibilidad de esquema y consultas complejas en tiempo real, como aplicaciones web, análisis de datos y gestión de registros.

En términos de comunidad y ecosistema, tanto Cassandra como MongoDB tienen comunidades activas y una amplia gama de herramientas y características complementarias. Ambos tienen soporte para múltiples lenguajes de programación e integración con marcos populares, lo que los hace versátiles y fáciles de integrar en diferentes pilas tecnológicas.

A la hora de elegir entre Apache Cassandra y MongoDB, es importante tener en cuenta los requisitos específicos del proyecto. Si necesita escalabilidad extrema, alta disponibilidad y soporte para grandes volúmenes de datos, Cassandra puede ser la opción ideal. Es altamente tolerante a errores y está diseñado para manejar cargas de trabajo distribuidas a gran escala. Sin embargo, el modelado y la consulta de datos pueden requerir un enfoque cuidadoso debido a la naturaleza de las columnas.

Por otro lado, si la flexibilidad del esquema, las consultas enriquecidas y la facilidad de uso son más importantes para su proyecto, MongoDB puede ser la opción preferida. Ofrece una experiencia de desarrollo más intuitiva, admite esquemas dinámicos y permite consultas ad hoc complejas. Sin embargo, en el caso de cargas de trabajo con volúmenes extremadamente altos o requisitos de coherencia estrictos, es importante tener en cuenta las opciones y restricciones de escalabilidad de MongoDB.

Por lo tanto, Apache Cassandra es ideal para escenarios que requieren escalabilidad masiva, alta disponibilidad y baja latencia en escrituras con uso intensivo de datos. MongoDB es una opción sólida cuando la flexibilidad del esquema, las consultas complejas y la facilidad de uso son factores clave.

Ambas bases de datos tienen sus ventajas y pueden desempeñar un papel importante en diferentes escenarios de aplicación. La elección final depende de las necesidades del proyecto, los requisitos de rendimiento, la estructura de los datos y las preferencias del equipo de desarrollo.

5.6   Servicios de almacenamiento en la nube.

Otras herramientas importantes en la gestión de big data incluyen servicios de almacenamiento en la nube como Amazon S3, Google Cloud Storage y Microsoft Azure Blob Storage. Estos servicios ofrecen escalabilidad, durabilidad y acceso rápido a los datos, y se utilizan ampliamente para almacenar grandes volúmenes de datos en un entorno de big data. Además, estos servicios también proporcionan funciones de seguridad y gestión de acceso a los datos almacenados.

Para manejar el procesamiento en tiempo real de datos de transmisión, existen varias tecnologías como Apache Kafka, Apache Flink y Apache Storm. Estas herramientas permiten el procesamiento continuo de datos en tiempo real, lo que permite a las organizaciones analizar eventos en tiempo real, detectar patrones y tomar medidas inmediatas en función de la información obtenida.

Es importante destacar que no existe una solución única y universal para la gestión de big data. Cada organización tendrá sus propias necesidades y requisitos específicos, y la selección de las herramientas y plataformas adecuadas dependerá de esas necesidades. El ecosistema de big data está en constante evolución, con la aparición de nuevas tecnologías y soluciones que tienen como objetivo hacer que la gestión de big data sea más eficiente, escalable y accesible.

Para satisfacer las crecientes demandas relacionadas con el procesamiento y análisis de grandes volúmenes de datos, las empresas han buscado soluciones más eficientes y flexibles. Esto ha llevado cada vez más a que las cargas de trabajo de big data se ejecuten en la nube, lo que proporciona una serie de ventajas y posibilidades.

La migración de cargas de trabajo de big data a la nube permite a las empresas lograr una escalabilidad más sencilla, es decir, pueden aumentar o disminuir la capacidad de procesamiento según sea necesario. Esto significa que las empresas no necesitan invertir en su propia infraestructura de hardware, lo que puede ser costoso y llevar mucho tiempo. En su lugar, pueden configurar sus propios sistemas en la nube o optar por utilizar ofertas de servicios gestionados de proveedores de confianza.

En este escenario, los principales proveedores de gestión de big data ocupan un lugar destacado. Los líderes del mercado, como AWS (Amazon Web Services), Google y Microsoft, ofrecen plataformas en la nube sólidas y escalables que permiten a las empresas almacenar, procesar y analizar grandes volúmenes de datos de manera eficiente y rápida. Estas plataformas proporcionan una amplia gama de servicios, desde servicios de almacenamiento hasta herramientas avanzadas de análisis de datos.

Además de los gigantes de la nube, también hay otras empresas que se especializan en ofrecer soluciones de gestión de big data. Cloudera y Databricks son ejemplos de proveedores que se han centrado principalmente en aplicaciones y herramientas de big data. Estas empresas ofrecen plataformas y servicios avanzados para el análisis de datos a gran escala, lo que permite a las empresas extraer información valiosa y tomar decisiones más informadas.

Al adoptar soluciones de gestión de big data en la nube, las empresas obtienen una escalabilidad flexible, ajustándose a las demandas cambiantes y optimizando los costos. Con los servicios gestionados, pueden elegir herramientas específicas de los proveedores de nube que mejor se adapten a sus necesidades, lo que garantiza una mayor flexibilidad y eficiencia.

Una de las principales ventajas de ejecutar cargas de trabajo de big data en la nube es la capacidad de procesar y analizar grandes volúmenes de datos de forma rápida y eficiente. La infraestructura escalable de los proveedores de nube permite a las empresas escalar sus recursos de procesamiento de acuerdo con las demandas del proyecto, asegurando un rendimiento óptimo durante todo el proceso.

Los proveedores de la nube también ofrecen funciones de seguridad avanzadas para proteger los datos durante todo el ciclo de vida del proceso de big data. Esto incluye medidas como el cifrado de datos, la autenticación de usuarios, la supervisión del acceso y las copias de seguridad automáticas, lo que garantiza la confidencialidad y la integridad de los datos.

Otra ventaja significativa de ejecutar cargas de trabajo de big data en la nube es la reducción de los costos operativos. Al utilizar servicios gestionados en la nube, las empresas eliminan la necesidad de mantener y actualizar una infraestructura física, lo que se traduce en importantes ahorros de costes. Además, los modelos de precios flexibles de los proveedores de nube permiten a las empresas pagar solo por los recursos que realmente utilizan, lo que reduce aún más los costos operativos.

6 Escollos que hay que evitar para una mejor gestión de big data.

La gestión de big data se ha vuelto cada vez más importante para las empresas de todas las industrias, ya que la cantidad de datos generados y disponibles hoy en día es exponencial. Sin embargo, se debe tener cuidado para evitar caer en trampas que puedan comprometer la eficiencia de esta gestión y, en consecuencia, los resultados obtenidos. En este texto, abordaré algunas de estas trampas y proporcionaré consejos para evitarlas.

La falta de una planificación adecuada es un escollo común en la gestión de big data y puede comprometer significativamente los resultados obtenidos por las empresas. Muchas organizaciones se sienten atraídas por la promesa de conocimientos y ventajas competitivas que puede ofrecer la gestión de big data, y terminan sumergiéndose en la recopilación de datos sin una estrategia clara en mente.

Establecer objetivos y metas es esencial para el éxito de la gestión de big data. Sin una dirección clara, las empresas pueden terminar recopilando datos innecesarios o perderse en la inmensidad de la información disponible. Es crucial identificar el propósito de la gestión de big data y cómo se alinea con los objetivos estratégicos de la organización. Esto podría incluir el aumento de la eficiencia operativa, la mejora de la experiencia del cliente, la identificación de oportunidades de mercado o la mejora de la toma de decisiones.

Además de establecer objetivos, es importante establecer métricas de éxito para medir el impacto de la gestión de big data. Estas métricas pueden variar en función de los objetivos marcados, y pueden incluir indicadores como el aumento de los ingresos, la reducción de costes, la mejora de la satisfacción del cliente o la eficiencia en el procesamiento de datos. Tener métricas claras permite a la empresa realizar un seguimiento de su progreso y evaluar si está logrando los resultados deseados.

Otro escollo relacionado con la falta de planificación es la falta de una estructura adecuada para recopilar y almacenar datos. La gestión de big data implica tratar con grandes volúmenes de información proveniente de una variedad de fuentes. Sin una estructura adecuada, los datos pueden desorganizarse, lo que dificulta su análisis y obtención de información relevante. Es necesario definir un sistema de recolección de datos que sea eficiente y consistente, asegurando la integridad y calidad de los datos desde el momento en que son capturados.

Además, es fundamental contar con un sistema adecuado de almacenamiento y gestión de los datos recopilados. La elección de una infraestructura de almacenamiento escalable y segura es fundamental para manejar la enorme cantidad de datos generados en el contexto de los macrodatos.

La falta de una estructura de almacenamiento sólida puede provocar problemas como la pérdida de datos, un rendimiento deficiente y dificultades en el análisis de datos. Es importante invertir en tecnologías y soluciones de almacenamiento adecuadas, como bases de datos NoSQL, almacenes de datos o servicios de almacenamiento en la nube, que puedan manejar la escalabilidad y la variedad de datos.

Además de una planificación adecuada para la recopilación y el almacenamiento de datos, es igualmente importante tener en cuenta la gobernanza de datos. Muchas empresas se enfrentan al reto de tratar con datos no estructurados, incoherentes y desactualizados.

La falta de una gobernanza adecuada puede dar lugar a problemas como la duplicación de datos, la falta de estandarización y las dificultades para identificar las fuentes de datos. Es fundamental establecer políticas y procesos para garantizar la calidad, integridad y seguridad de los datos a lo largo de su vida útil. Esto incluye la definición de responsabilidades, la implementación de prácticas de limpieza y enriquecimiento de datos, la estandarización de formatos y la adopción de técnicas de gestión de metadatos.

Otro error común es la sobreestimación de la cantidad de datos a expensas de la calidad. A menudo, las empresas se centran en recopilar la mayor cantidad de datos posible, pero descuidan la importancia de la relevancia y la calidad de esos datos. La atención debe centrarse en obtener los datos correctos que sean relevantes para las necesidades de la empresa. No todos los datos son igual de útiles o representativos, y el análisis de datos irrelevantes o de baja calidad puede dar lugar a resultados inexactos y conclusiones erróneas. Es necesario definir criterios claros para la selección y evaluación de los datos, teniendo en cuenta su origen, fiabilidad y pertinencia para los análisis.

Otro escollo que hay que evitar es la falta de un adecuado control y seguimiento del uso de los datos. La gestión de big data implica tratar con información sensible, como datos personales de clientes, información financiera o estratégica de la empresa. Es esencial implementar medidas de seguridad sólidas para proteger estos datos de accesos no autorizados, violaciones de la privacidad y ciberataques.

Además, es importante tener control sobre quién tiene acceso a los datos y cómo se utilizan. La falta de control y seguimiento adecuados puede dar lugar a un uso indebido de los datos, a la violación de la normativa de protección de datos y a consecuencias legales y reputacionales para la empresa. Se recomienda implementar políticas de acceso y uso de datos, definiendo permisos de acceso en función de las responsabilidades y necesidades de los usuarios, además de realizar auditorías periódicas para garantizar el cumplimiento e identificar cualquier irregularidad.

Es esencial establecer el propósito del uso de los datos, identificar la información relevante que se recopilará y determinar las métricas que se utilizarán para evaluar el éxito de la gestión. Sin una planificación estratégica, es fácil perderse en la inmensidad de los datos y no obtener los resultados deseados.

Otro error común es subestimar la importancia de la calidad de los datos. La recopilación masiva de información puede ser abrumadora, pero si los datos son inexactos, incompletos u obsoletos, todo el esfuerzo de gestión será en vano. Es fundamental invertir tiempo y recursos en la verificación y limpieza de los datos, asegurando su calidad antes de que se utilicen para el análisis y la toma de decisiones. Además, es importante establecer procesos de seguimiento continuos para garantizar que los datos sigan siendo fiables a lo largo del tiempo.

Un escollo relacionado con la calidad de los datos es la falta de integración entre las diferentes fuentes de información. A menudo, las empresas manejan datos de varias fuentes diferentes, como sistemas internos, redes sociales, sitios de análisis de mercado, entre otros. Para una gestión eficiente del big data, es necesario integrar estas diferentes fuentes de datos, asegurando su coherencia y proporcionando una visión completa de la información disponible. La falta de integración puede llevar a análisis incompletos y conclusiones erróneas.

Otro escollo que hay que evitar es la falta de recursos adecuados para la gestión de big data. El procesamiento, el almacenamiento y el análisis de grandes volúmenes de datos requieren una infraestructura sólida y sistemas eficientes. Es necesario invertir en equipos, tecnologías y soluciones de software adecuadas para manejar la complejidad y el volumen de datos. Además, también es importante contar con profesionales formados y experimentados, como científicos de datos e ingenieros de big data, para garantizar el correcto uso e interpretación de los datos.

La falta de seguridad de los datos es otro escollo común. La gestión de big data implica tratar con información sensible y confidencial, lo que requiere la implementación de medidas de seguridad sólidas. Esto incluye el uso de cifrado, un control de acceso adecuado, la supervisión de actividades sospechosas y copias de seguridad periódicas de los datos. Una violación de seguridad puede comprometer la integridad de los datos, la privacidad del cliente y la reputación de la empresa, lo que hace que la protección de datos sea una prioridad absoluta.

Del mismo modo, la falta de una gobernanza adecuada también puede convertirse en una trampa. Es esencial establecer políticas, directrices y procesos claros para el uso, el acceso y el intercambio de datos. Esto incluye la definición de responsabilidades, la limitación del acceso a la información confidencial y el establecimiento de procedimientos para la eliminación y retención de datos. La ausencia de gobernanza puede llevar a decisiones basadas en datos inconsistentes, falta de cumplimiento de las regulaciones e incluso demandas.

Por último, es importante destacar la trampa de ceñirse solo a la tecnología. Si bien la implementación de tecnologías adecuadas es esencial para una gestión eficiente de big data, no se puede descuidar el aspecto humano.

El éxito de la gestión de big data depende tanto de la tecnología como de las personas involucradas. Es necesario capacitar y educar a los equipos para utilizar correctamente los datos, interpretar los análisis y tomar decisiones basadas en la evidencia. La colaboración multifuncional y la comunicación efectiva también juegan un papel crucial en la gestión de big data.

Por lo tanto, para evitar los escollos en la gestión de big data, es esencial:

1   Llevar a cabo una planificación estratégica: Establezca objetivos claros, identifique la información relevante y defina métricas de éxito.

2   Garantice la calidad de los datos: invierta en verificar, limpiar y supervisar los datos para garantizar su precisión y fiabilidad.

3   Integrar diferentes fuentes de información: Integrar datos de múltiples fuentes para obtener una visión completa y coherente de la información disponible.

4   Contar con los recursos adecuados: Invertir en infraestructura, tecnologías y profesionales capacitados para enfrentar los desafíos de la gestión de big data.

5   Priorice la seguridad de los datos: implemente medidas de seguridad sólidas para proteger la información sensible y confidencial.

6   Establecer una gobernanza adecuada: defina políticas, directrices y procesos claros para el uso, el acceso y el uso compartido de datos.

7   Valora el aspecto humano: Empodera a los equipos, promueve la colaboración y comunícate de manera eficiente para garantizar un uso efectivo de los datos.

Al ser conscientes de estos escollos y adoptar las prácticas adecuadas, las empresas estarán mejor preparadas para obtener el máximo valor y beneficios de la gestión de big data. Vale la pena mencionar que el panorama del big data está en constante evolución, y es importante estar actualizado sobre las nuevas tecnologías y enfoques para garantizar resultados cada vez más eficientes.

7 Conclusión.

A lo largo de este libro, exploramos los fundamentos, retos y estrategias de la gestión del Big Data, uno de los pilares fundamentales en el universo tecnológico actual. Analizamos los principales aspectos de este campo, desde los retos inherentes a la gestión de grandes volúmenes de datos hasta las herramientas más avanzadas para optimizar los resultados. También discutimos la importancia de las estructuras de datos, con énfasis en las bases de datos relacionales, no relacionales e híbridas, así como estrategias prácticas para superar los escollos comunes y maximizar la eficiencia en los entornos corporativos.

Con ejemplos concretos, historias de éxito y orientación detallada, ha adquirido no solo conocimientos técnicos, sino también perspectivas estratégicas que pueden transformar su visión sobre el impacto del Big Data en los negocios y la sociedad. La gestión eficaz de datos es más que un diferenciador: es una competencia esencial para los profesionales y las organizaciones que quieren prosperar en un mundo impulsado por la información.

Un viaje más amplio

Este libro es solo un paso en un viaje indispensable en el campo de la ciencia de datos y la inteligencia artificial. Forma parte de la colección "Big Data", que aborda, en volúmenes complementarios, otros aspectos críticos de este universo, como la implementación de estrategias de Big Data, la gestión eficiente de datos y la gobernanza de la información en escenarios complejos.

Además, la colección forma parte de un proyecto aún más completo: "Inteligencia Artificial: El Poder de los Datos". Compuesto por 49 volúmenes, este proyecto explora en profundidad temas como la integración de sistemas de IA, el análisis predictivo y el uso de algoritmos avanzados para la toma de decisiones estratégicas. Cada libro aporta un componente esencial para los profesionales que desean comprender y dominar el impacto de la inteligencia artificial y la ciencia de datos.

Al comprar y explorar los otros volúmenes de la colección, disponibles en Amazon, tendrás una visión holística y profunda, que no solo optimiza la gobernanza de datos, sino que también amplía las oportunidades de aprovechar la inteligencia artificial para lograr resultados transformadores.

El aprendizaje no termina aquí, simplemente comienza. Que este libro sea el punto de partida para tu evolución en el fascinante universo de la gestión de Big Data y la inteligencia artificial.

8   Bibliografía.

ACQUISTI, A., BRANDIMARTE, L., & LOEWENSTEIN, G. (2015). Privacy and human behavior in the age of information. Science, 347(6221), 509-514. Disponível em: https://www.heinz.cmu.edu/~acquisti/papers/Acquisti-Science-Privacy-Review.pdf.

ACQUISTI, A., TAYLOR, C., & WAGMAN, L. (2016). The economics of privacy. Journal of Economic Literature, 54(2), 442-92.

AKIDAU, Tyler, CHERNYAK, Slava, LAX, Reuven. (2019). Streaming Systems: The What, Where, When, and How of Large-Scale Data Processing.

ALGORITHMWATCH. (2019) Automating Society 2019. Disponível em: https://algorithmwatch.org/en/automating-society-2019/

ARMSTRONG, M. (2006). Competition in two-sided markets. The RAND Journal of Economics.

ARMSTRONG, M. (2006). Competition in two-sided markets. The RAND Journal of Economics, 37(3), 668-691.

BELKIN, N.J. (1978). Information concepts for information science. Journal of Documentation, v. 34, n. 1, p. 55-85.

BOLLIER, D., & Firestone, C. M. (2010). The promise and peril of Big Data. Washington, DC: Aspen Institute, Communications and Society Program.

BOYD, D; CRAWFORD, K. (2012). Critical Questions for Big Data: Provocations for a Cultural, Technological, and Scholarly Phenomenon. Information, Communication, & Society v.15, n.5, p. 662-679.

BRETON, P. & PROULX S. (1989). L'explosion de la communication. la naissance d'une nouvelle idéologie. Paris: La Découverte.

BUBENKO, J. A., WANGLER, B. (1993). "Objectives Driven Capture of Business Rules and of Information System Requirements". IEEE Systems Man and Cybernetics'93 Conference, Le Touquet, France.

CHEN, H., CHIANG, R. H., & STOREY, V. C. (2012). Business Intelligence and Analytics: From Big Data to Big Impact. MIS Quarterly.

CHENG, Y., Qin, c., & RUSU, F. (2012). Big Data Analytics made easy. SIGMOD '12 Proceedings of the 2012 ACM SIGMOD International Conference on Management of Data New York.

COHEN, Reuven. (2012). Brazil's Booming Business of Big Data – Disponível em: https://www.forbes.com/sites/reuvencohen/2012/12/12/brazil s-booming-business-of-bigdata/?sh=1de7e6bc4682

COMPUTERWORLD. (2016) Dez casos de Big Data que garantiram expressivo retorno sobre investimento. Disponível em: https://computerworld.com.br/plataformas/10-casos-de-big-data-que-garantiram-expressivo-retorno-sobre-investimento/.

DAVENPORT, T. H. (2014). Big Data no trabalho: derrubando mitos e descobrindo oportunidades. Rio de Janeiro: Elsevier.

DAVENPORT, T; PATIL, D. (2012). Data scientist: the sexiest job of the 21st century. Harvard Business Review. Disponível em: https://hbr.org/2012/10/data-scientist-the-sexiest-job-of-the-21st-century.

DAVENPORT, T; PATIL, D. (2012). Data scientist: the sexiest job of the 21st century. Harvard Business Review. Disponível em: https://hbr.org/2012/10/data-scientist-the-sexiest-job-of-the-21st-century.

DIXON, James. 2010. Pentaho, Hadoop, and Data Lakes. Blog, October. Disponível em: https://jamesdixon.wordpress.com/2010/10/14/pentaho-hadoop-and-data-lakes/

EDWARD Choi, M. T. (2017). RETAIN: An Interpretable Predictive Model for Healthcare using Reverse Time Attention Mechanism. Disponível em https://arxiv.org/pdf/1608.05745.pdf

GLASS, R. ;CALLAHAN, (2015).S. The Big Data-Driven Business: How to Use Big Data to Win Customers, Beat Competitors, and Boost Profit. New Jersey: John Wiley & Sons, Inc.

GÓMEZ-BARROSO, J. L. (2018). Experiments on personal information disclosure: Past and future avenues. Telematics and Informatics, 35(5), 1473-1490.Disponível em: https://doi.org/10.1016/j.tele.2018.03.017

GUALTIERI, M. (2013). Big Data Predictive Analytics Solutions. Massachusetts: Forrester.

HALPER, F. (2013). How To Gain Insight From Text. TDWI Checklist Report.

HALPER, F., & KRISHNAN, K. (2013). TDWI Big Data Maturity Model Guide Interpreting Your Assessment Score. TDWI Benchmark Guide 2013–2014.

HELBING, D. (2014). The World after Big Data: What the Digital Revolution Means for Us. Disponível em: http://papers.ssrn.com/sol3/papers.cfm?abstract_id=2438957.

HELBING, D. (2015a). Big Data Society: Age of Reputation or Age of Discrimination?. In: HELBING, D. Thinking Ahead-Essays on Big Data, Digital Revolution, and Participatory Market Society. Springer International Publishing. p. 103-114.

HELBING, D. (2015b). Thinking Ahead-Essays on Big Data, Digital Revolution, and Participatory Market Society. Springer International Publishing.

HILBERT, M. (2013). Big Data for Development: From Information to Knowledge Societies. Disponível em https://www.researchgate.net/publication/254950835_Big_Dat a_for_Development_From_Information-_to_Knowledge_Societies.

IBM. (2014). Exploiting Big Data in telecommunications to increase revenue, reduce customer churn and operating costs. Fonte: IBM: http://www-01.ibm.com/software/data/bigdata/industry-telco.html.

INMON, W. H. (1992). Building the Data Warehouse. John Wiley & Sons, New Yorkm NY, USA.

INMON, W. H. (1996). Building the Data Warehouse. John Wiley & Sons, New Yorkm NY, USA.2nd edition.

JARVELIN, K. & Vakkari, P. (1993) The evolution of Library and Information Science 1965-1985: a content analysis of journal articles. Information Processing & Management, v.29, n.1, p. 129-144.

KAMIOKA, T; TAPANAINEN, T. (2014). Organizational use of Big Data and competitive advantage - Exploration of Antecedents. Disponível em: https://www.researchgate.net/publication/284551664_Organiz ational_Use_of_Big_Data_and_Competitive_Advantage_-_Exploration_of_Antecedents.

KANDALKAR, N.A; WADHE, A. (2014). Extracting Large Data using Big Data Mining, International Journal of Engineering Trends and Technology. v. 9, n.11, p.576-582.

KIMBALL, R.; ROSS, M. (2013). The Data Warehouse Toolkit: The Definitive Guide to Dimensional Modeling, Third Edition. Wiley 10475 Crosspoint Boulevard Indianapolis, IN 46256: John Wiley & Sons, Inc.

KSHETRI, N. (2014). Big Data' s impact on privacy, security and consumer welfare. Telecommunications Policy, 38 (11), 1134-1145.

LAVALLE, S., LESSER, E., SHOCKLEY, R., HOPKINS, M. S., & KRUSCHWITZ, N. (2010). Big Data, Analytics and the Path From Insights to Value.

LOHR, S. (2012). The Age of Big Data. The New York Times.

MACHADO, Felipe Nery Rodrigues. 2018. Banco de Dados-Projeto e Implementação. [S.l.]: Editora Saraiva.

MANYIKA, J., CHUI, M., BROWN, B., BUGHIN, J., DOBBS, R., ROXBURGH, C., & BYERS, A. H. (2011). Big Data: The next frontier for innovation, competition, and productivity.

OHLHORST, J. F. (2012). Big Data Analytics: Turning Big Data into Big Money. Wiley.

OSWALDO, T., PJOTR, P., MARC, S., & RITSERT, C. J. (2011). Big Data, but are we ready? Disponível em: https://www.nature.com/articles/nrg2857-c1.

PAVLO, A., PAULSON, E., RASIN, A., ABADI, D. J., DEWITT, D. J., MADDEN, S., & STONEBRAKER, M. (2009). A comparison of approaches to large-scale data analysis. SIGMOD, pp. 165–178.

RAJ, P., & DEKA, G. C. (2012). Handbook of Research on Cloud Infrastructures for Big Data Analytics. Information Science: IGI Global.

SUBRAMANIAM, Anushree. 2020. What is Big Data? – A Beginner's Guide to the World of Big Data. Disponível em: edureka.co/blog/what-is-big-data/.

TANKARD, C. (2012). Big Data security, Network Security, Volume 2012, Issue7, July 2012, Pages 5 -8, ISSN 1353-4858.

TM FORUM. (2005). Sla management handbook - volume 2. Technical Report GB9712, TeleManagement Forum.

VAISHNAVI, V. K., & KUECHLER, W. (2004). Design Science Research in Information Systems.

VAN AALST, W. M., VAN HEE, K. M., VAN WERF, J. M., & VERDONK, M. (March de 2010). Auditing 2.0: Using Process Mining to Support Tomorrow's Auditor. Computer (Volume:43, Issue:3.

WANG, Y., KUNG, L., & BYRD, T. A. (2018). Big Data analytics: Understanding its capabilities and potential benefits for healthcare organizations. Technological Forecasting and Social Change, 126, 3-13.

WIDJAYA, Ivan. (2019). What are the costs of big data? Disponível em: http://www.smbceo.com/2019/09/04/what-are-the-costs-of-big-data/

9   Recopilación de big data: desbloqueando el futuro de los datos en una colección esencial.

La colección *Big Data* fue creada para ser una guía indispensable para profesionales, estudiantes y entusiastas que desean navegar con confianza por el vasto y fascinante universo de los datos. En un mundo cada vez más digital e interconectado, el Big Data no es solo una herramienta, sino una estrategia fundamental para la transformación de los negocios, los procesos y las decisiones. Esta colección se propone simplificar conceptos complejos y capacitar a sus lectores para convertir los datos en información valiosa.

Cada volumen de la colección aborda un componente esencial de esta área, combinando teoría y práctica para ofrecer una comprensión amplia e integrada. Encontrarás temas como:

Además de explorar los fundamentos, la colección también mira hacia el futuro, con debates sobre tendencias emergentes como la integración de la inteligencia artificial, el análisis de textos y la gobernanza en entornos cada vez más dinámicos y globales.

Tanto si es un directivo que busca formas de optimizar los procesos, como si es un científico de datos que explora nuevas técnicas o un principiante que siente curiosidad por comprender el impacto de los datos en la vida cotidiana, la colección de *Big Data* es el socio ideal en este viaje. Cada libro ha sido desarrollado con un lenguaje accesible pero técnicamente sólido, lo que permite a los lectores de todos los niveles avanzar en su comprensión y habilidades.

Prepárese para dominar el poder de los datos y destacar en un mercado en constante evolución. La colección de *Big Data* está disponible en Amazon y es la clave para desbloquear el futuro de la inteligencia basada en datos.

9.1   Para quién es la recopilación de Big Data.

La colección de Big Data está diseñada para atender a una audiencia diversa que comparte el objetivo de comprender y aplicar el poder de los datos en un mundo cada vez más impulsado por la información. Tanto si es un profesional experimentado como si acaba de empezar su andadura en el ámbito de la tecnología y los datos, esta colección ofrece información valiosa, ejemplos prácticos y herramientas indispensables.

1. Profesionales de la tecnología y los datos.

Los científicos de datos, ingenieros de datos, analistas y desarrolladores encontrarán en la colección los fundamentos que necesitan para dominar conceptos como Big Data Analytics, computación distribuida, Hadoop y herramientas avanzadas. Cada volumen cubre temas técnicos de una manera práctica, con explicaciones claras y ejemplos que se pueden aplicar en la vida cotidiana.

2. Gerentes y líderes organizacionales.

Para líderes y gerentes, la colección ofrece una visión estratégica sobre cómo implementar y gestionar proyectos de Big Data. Los libros muestran cómo utilizar los datos para optimizar procesos, identificar oportunidades y tomar decisiones informadas. Ejemplos del mundo real ilustran cómo las empresas han utilizado Big Data para transformar sus negocios en industrias como el comercio minorista, la atención médica y el medio ambiente.

3. Emprendedores y pequeñas empresas.

Los emprendedores y propietarios de pequeñas empresas que quieran aprovechar el poder de los datos para mejorar su competitividad también pueden beneficiarse. La colección presenta estrategias prácticas para el uso de Big Data de forma escalable, desmitificando la idea de que esta tecnología es exclusiva de las grandes corporaciones.

4. Estudiantes y principiantes en la zona.

Si eres estudiante o estás empezando a explorar el universo del Big Data, esta colección es el punto de partida perfecto. Con un lenguaje accesible y ejemplos prácticos, los libros hacen que los conceptos complejos sean más comprensibles, preparándote para profundizar en la ciencia de datos y la inteligencia artificial.

5. Curiosos y entusiastas de la tecnología.

Para aquellos que, incluso fuera del entorno corporativo o académico, tienen interés en comprender cómo el Big Data está dando forma al mundo, la colección ofrece una introducción fascinante y educativa. Descubra cómo los datos están transformando áreas tan diversas como la salud, la sostenibilidad y el comportamiento humano.

Independientemente de su nivel de experiencia o de la industria en la que se encuentre, la colección de *Big Data* está diseñada para empoderar a sus lectores con información procesable, tendencias emergentes y una visión integral del futuro de los datos. Si estás buscando entender y aplicar el poder del Big Data para crecer profesionalmente o transformar tu negocio, esta colección es para ti. Disponible en Amazon, es la guía esencial para dominar el impacto de los datos en la era digital.

9.2   Conoce los libros de la Colección.

9.2.1   Big Data simplificado en 7 capítulos.

Este libro es una guía imprescindible para cualquier persona que quiera entender y aplicar los conceptos fundamentales del Big Data de una forma clara y práctica. En un formato sencillo y accesible, el libro cubre todo, desde pilares teóricos, como las 5 V del Big Data, hasta herramientas y técnicas modernas, como Hadoop y Big Data Analytics.

Explorando ejemplos reales y estrategias aplicables en áreas como la salud, el comercio minorista y el medio ambiente, este trabajo es ideal para profesionales de la tecnología, gerentes, empresarios y estudiantes que buscan transformar los datos en información valiosa.

Con un enfoque que conecta la teoría y la práctica, este libro es el punto de partida perfecto para dominar el universo Big Data y aprovechar sus posibilidades.

9.2.2 Gestión de Big Data.

Este libro ofrece un enfoque práctico y completo para servir a una audiencia diversa, desde analistas principiantes hasta gerentes, estudiantes y empresarios experimentados.

Con un enfoque en la gestión eficiente de grandes volúmenes de información, este libro presenta análisis en profundidad, ejemplos del mundo real, comparaciones entre tecnologías como Hadoop y Apache Spark, y estrategias prácticas para evitar trampas e impulsar el éxito.

Cada capítulo está estructurado para proporcionar información aplicable, desde los fundamentos hasta las herramientas de análisis avanzadas.

9.2.3 Arquitectura de Big Data.

Este libro está dirigido a un público diverso, incluidos arquitectos de datos que necesitan crear plataformas sólidas, analistas que desean comprender cómo se integran las capas de datos y ejecutivos que buscan tomar decisiones informadas. Los estudiantes e investigadores en ciencias de la computación, ingeniería de datos y gestión también encontrarán aquí una referencia sólida y actualizada.

El contenido combina un enfoque práctico y un rigor conceptual. Se le guiará desde los fundamentos, como las 5 V de Big Data, hasta la complejidad de las arquitecturas en capas, que abarcan la infraestructura, la seguridad, las herramientas de análisis y los estándares de almacenamiento, como Data Lake y Data Warehouse. Además, los ejemplos claros, los estudios de casos reales y las comparaciones de tecnologías ayudarán a convertir los conocimientos teóricos en aplicaciones prácticas y estrategias efectivas.

9.2.4   Implementación de Big Data.

Este volumen ha sido cuidadosamente diseñado para ser una guía práctica y accesible, conectando la teoría con la práctica para profesionales y estudiantes que desean dominar la implementación estratégica de soluciones de Big Data.

Abarca todo, desde el análisis de calidad y la integración de datos hasta temas como el procesamiento en tiempo real, la virtualización, la seguridad y la gobernanza, ofreciendo ejemplos claros y aplicables.

9.2.5   Estrategias para reducir costos y maximizar las inversiones en Big Data.

Con un enfoque práctico y razonado, este libro ofrece análisis detallados, estudios de casos reales y soluciones estratégicas para gerentes de TI, analistas de datos, empresarios y profesionales de negocios.

Este libro es una guía indispensable para comprender y optimizar los costos asociados con la implementación de Big Data, cubriendo todo, desde el almacenamiento y el procesamiento hasta las estrategias específicas de las pequeñas empresas y el análisis de costos en la nube.

Como parte de la colección "Big Data", se conecta con otros volúmenes que exploran profundamente las dimensiones técnicas y estratégicas del campo, formando una biblioteca esencial para cualquiera que busque dominar los desafíos y oportunidades de la era digital.

9.2.6   Recopilación de 700 preguntas de Big Data.

Esta colección está diseñada para proporcionar un aprendizaje dinámico, desafiante y práctico. Con 700 preguntas estratégicamente elaboradas y distribuidas en 5 volúmenes, permite avanzar en el dominio del Big Data de forma progresiva y atractiva. Cada respuesta es una oportunidad para ampliar tu visión y aplicar conceptos de forma realista y eficaz.

La colección consta de los siguientes libros:

1   BIG DATA: 700 preguntas - Volumen 1.

Se trata de la información como materia prima para todo, los conceptos fundamentales y las aplicaciones del Big Data.

2   BIG DATA: 700 preguntas - Volumen 2.

Aborda Big Data en el contexto de la ciencia de la información, las tendencias y el análisis de la tecnología de datos, el análisis aumentado, la inteligencia continua, la computación distribuida y la latencia.

3   BIG DATA: 700 preguntas - Volumen 3.

Contempla los aspectos tecnológicos y de gestión del Big Data, la minería de datos, los árboles de clasificación, la regresión logística y las profesiones en el contexto del Big Data.

4   BIG DATA: 700 preguntas - Volumen 4.

Se ocupa de los requisitos para la gestión de Big Data, las estructuras de datos utilizadas, la arquitectura y las capas de almacenamiento, la Business Intelligence en el contexto de Big Data y la virtualización de aplicaciones.

5   BIG DATA: 700 preguntas - Volumen 5.

El libro trata sobre SAAS, IAAS Y PAAS, implementación de Big Data, gastos generales y ocultos, Big Data para pequeñas empresas, seguridad digital y almacenamiento de datos en el contexto de Big Data.

9.2.7   Glosario de Big Data.

A medida que los datos a gran escala se convierten en el corazón de las decisiones estratégicas en una variedad de industrias, este libro ofrece un puente entre la jerga técnica y la claridad práctica, lo que le permite convertir información compleja en información valiosa.

Con definiciones claras, ejemplos prácticos y una organización intuitiva, este glosario está diseñado para atender a una amplia gama de lectores, desde desarrolladores e ingenieros de datos hasta gerentes y curiosos que buscan explorar el impacto transformador de Big Data en sus campos.

10 Descubra la colección completa "Inteligencia artificial y el poder de los datos", una invitación a transformar su carrera y su conocimiento.

La Colección "Inteligencia Artificial y el Poder de los Datos" fue creada para aquellos que quieren no solo entender la Inteligencia Artificial (IA), sino también aplicarla de manera estratégica y práctica.

En una serie de volúmenes cuidadosamente elaborados, desentraño conceptos complejos de una manera clara y accesible, asegurándome de que el lector tenga una comprensión profunda de la IA y su impacto en las sociedades modernas.

No importa su nivel de familiaridad con el tema, esta colección convierte lo difícil en didáctico, lo teórico en aplicable y lo técnico en algo poderoso para su carrera.

10.1   ¿Por qué comprar esta colección?

Estamos viviendo una revolución tecnológica sin precedentes, donde la IA es la fuerza motriz en áreas como la medicina, las finanzas, la educación, el gobierno y el entretenimiento.

La colección "La Inteligencia Artificial y el Poder de los Datos" profundiza en todos estos sectores, con ejemplos prácticos y reflexiones que van mucho más allá de los conceptos tradicionales.

Tanto la experiencia técnica como las implicaciones éticas y sociales de la IA te animan a ver esta tecnología no solo como una herramienta, sino como un verdadero agente de transformación.

Cada volumen es una pieza fundamental de este rompecabezas innovador: desde el aprendizaje automático hasta la gobernanza de datos y desde la ética hasta la aplicación práctica.

Con la guía de un autor experimentado que combina la investigación académica con años de práctica práctica, esta colección es más que un conjunto de libros: es una guía indispensable para cualquiera que busque navegar y sobresalir en este campo floreciente.

10.2   ¿Público objetivo de esta colección?

Esta colección es para todos los que quieran desempeñar un papel destacado en la era de la IA:

- ✓ Profesionales de la tecnología: Reciban conocimientos técnicos profundos para ampliar sus habilidades.

- ✓ Los estudiantes y los curiosos: tienen acceso a explicaciones claras que facilitan la comprensión del complejo universo de la IA.

- ✓ Los directivos, los líderes empresariales y los responsables políticos también se beneficiarán de la visión estratégica de la IA, que es esencial para tomar decisiones bien informadas.

- ✓ Profesionales en Transición de Carrera: Los profesionales en transición de carrera o interesados en especializarse en IA encontrarán aquí material completo para construir su trayectoria de aprendizaje.

10.3   Mucho más que técnica, una transformación completa.

Esta colección no es solo una serie de libros técnicos; Es una herramienta para el crecimiento intelectual y profesional.

Con él, vas mucho más allá de la teoría: cada volumen te invita a una profunda reflexión sobre el futuro de la humanidad en un mundo donde las máquinas y los algoritmos están cada vez más presentes.

Esta es tu invitación a dominar los conocimientos que definirán el futuro y formar parte de la transformación que la Inteligencia Artificial trae al mundo.

Conviértase en un líder en su industria, domine las habilidades que exige el mercado y prepárese para el futuro con la colección "Inteligencia Artificial y el Poder de los Datos".

Esto no es solo una compra; Es una inversión decisiva en su viaje de aprendizaje y desarrollo profesional.

11 Los libros de la colección.

12 Big Data Collection: Unlocking the Future of Data in an Essential Collection.

The *Big Data* collection was created to be an indispensable guide for professionals, students, and enthusiasts who want to confidently navigate the vast and fascinating universe of data. In an increasingly digital and interconnected world, Big Data is not just a tool, but a fundamental strategy for the transformation of businesses, processes, and decisions. This collection sets out to simplify complex concepts and empower your readers to turn data into valuable insights.

Each volume in the collection addresses an essential component of this area, combining theory and practice to offer a broad and integrated understanding. You'll find themes such as:

In addition to exploring the fundamentals, the collection also looks into the future, with discussions on emerging trends such as the integration of artificial intelligence, text analytics, and governance in increasingly dynamic and global environments.

Whether you're a manager looking for ways to optimize processes, a data scientist exploring new techniques, or a beginner curious to understand the impact of data on everyday life, the *Big Data*

collection is the ideal partner on this journey. Each book has been developed with accessible yet technically sound language, allowing readers of all levels to advance their understanding and skills.

Get ready to master the power of data and stand out in an ever-evolving market. The *Big Data* collection is available on Amazon and is the key to unlocking the future of data-driven intelligence.

12.1 Who is the Big Data collection for.

The *Big Data* collection is designed to cater to a diverse audience that shares the goal of understanding and applying the power of data in an increasingly information-driven world. Whether you're a seasoned professional or just starting your journey in the technology and data space, this collection offers valuable insights, practical examples, and indispensable tools.

1. Technology and Data Professionals.

Data scientists, data engineers, analysts, and developers will find in the collection the fundamentals they need to master concepts such as Big Data Analytics, distributed computing, Hadoop, and advanced tools. Each volume covers technical topics in a practical way, with clear explanations and examples that can be applied in everyday life.

2. Managers and Organizational Leaders.

For leaders and managers, the collection offers a strategic view on how to implement and manage Big Data projects. The books show how to use data to optimize processes, identify opportunities, and make informed decisions. Real-world examples illustrate how companies have used Big Data to transform their businesses in industries such as retail, healthcare, and the environment.

3. Entrepreneurs and Small Businesses.

Entrepreneurs and small business owners who want to leverage the power of data to improve their competitiveness can also benefit. The collection presents practical strategies for using Big Data in a scalable way, demystifying the idea that this technology is exclusive to large corporations.

4. Students and Beginners in the Area.

If you're a student or just starting to explore the universe of Big Data, this collection is the perfect starting point. With accessible language and practical examples, the books make complex concepts more understandable, preparing you to dive deeper into data science and artificial intelligence.

5. Curious and Technology Enthusiasts.

For those who, even outside of the corporate or academic environment, have an interest in understanding how Big Data is shaping the world, the collection offers a fascinating and educational introduction. Discover how data is transforming areas as diverse as health, sustainability, and human behavior.

Regardless of your level of expertise or the industry you're in, the *Big Data* collection is designed to empower your readers with actionable insights, emerging trends, and a comprehensive view of the future of data. If you're looking to understand and apply the power of Big Data to grow professionally or transform your business, this collection is for you. Available on Amazon, it is the essential guide to mastering the impact of data in the digital age.

12.2   Get to know the books in the Collection.

12.2.1 Simplifying Big Data into 7 Chapters.

This book is an essential guide for anyone who wants to understand and apply the fundamental concepts of Big Data in a clear and practical way. In a straightforward and accessible format, the book covers everything from theoretical pillars, such as the 5 Vs of Big Data, to modern tools and techniques, including Hadoop and Big Data Analytics.

Exploring real examples and strategies applicable in areas such as health, retail, and the environment, this work is ideal for technology professionals, managers, entrepreneurs, and students looking to transform data into valuable insights.

With an approach that connects theory and practice, this book is the perfect starting point for mastering the Big Data universe and leveraging its possibilities.

12.2.2 Big Data Management.

This book offers a practical and comprehensive approach to serving a diverse audience, from beginner analysts to experienced managers, students, and entrepreneurs.

With a focus on the efficient management of large volumes of information, this book presents in-depth analysis, real-world examples, comparisons between technologies such as Hadoop and Apache Spark, and practical strategies to avoid pitfalls and drive success.

Each chapter is structured to provide applicable insights, from the fundamentals to advanced analytics tools.

12.2.3 Big Data Architecture.

This book is intended for a diverse audience, including data architects who need to build robust platforms, analysts who want to understand how data layers integrate, and executives who are looking to inform informed decisions. Students and researchers in computer science, data engineering, and management will also find here a solid and up-to-date reference.

The content combines a practical approach and conceptual rigor. You'll be guided from the fundamentals, such as the 5 Vs of Big Data, to the complexity of layered architectures, spanning infrastructure, security, analytics tools, and storage standards like Data Lake and Data Warehouse. In addition, clear examples, real case studies, and technology comparisons will help turn theoretical knowledge into practical applications and effective strategies.

12.2.4 Big Data Implementation.

This volume has been carefully crafted to be a practical and accessible guide, connecting theory to practice for professionals and students who want to master the strategic implementation of Big Data solutions.

It covers everything from quality analysis and data integration to topics such as real-time processing, virtualization, security, and governance, offering clear and applicable examples.

12.2.5 Strategies to Reduce Costs and Maximize Big Data Investments.

With a practical and reasoned approach, this book offers detailed analysis, real case studies and strategic solutions for IT managers, data analysts, entrepreneurs and business professionals.

This book is an indispensable guide to understanding and optimizing the costs associated with implementing Big Data, covering everything from storage and processing to small business-specific strategies and cloud cost analysis.

As part of the "Big Data" collection, it connects to other volumes that deeply explore the technical and strategic dimensions of the field, forming an essential library for anyone seeking to master the challenges and opportunities of the digital age.

12.2.6 700 Big Data Questions Collection.

This collection is designed to provide dynamic, challenging, and hands-on learning. With 700 questions strategically crafted and distributed in 5 volumes, it allows you to advance in the domain of Big Data in a progressive and engaging way. Each answer is an opportunity to expand your vision and apply concepts realistically and effectively.

The collection consists of the following books:

6   BIG DATA: 700 Questions - Volume 1.

It deals with information as the raw material for everything, the fundamental concepts and applications of Big Data.

7   BIG DATA: 700 Questions - Volume 2.

It addresses Big Data in the context of information science, data technology trends and analytics, Augmented analytics, continuous intelligence, distributed computing, and latency.

8   BIG DATA: 700 Questions - Volume 3.

It contemplates the technological and management aspects of Big Data, data mining, classification trees, logistic regression and professions in the context of Big Data.

9   BIG DATA: 700 Questions - Volume 4.

It deals with the requirements for Big Data management, the data structures used, the architecture and storage layers, Business Intelligence in the context of Big Data, and application virtualization.

10   BIG DATA: 700 Questions - Volume 5.

The book deals with SAAS, IAAS AND PAAS, Big Data implementation, overhead and hidden costs, Big Data for small businesses, digital security and data warehousing in the context of Big Data.

12.2.7 Big Data Glossary.

As large-scale data becomes the heart of strategic decisions in a variety of industries, this book offers a bridge between technical jargon and practical clarity, allowing you to turn complex information into valuable insights.

With clear definitions, practical examples, and intuitive organization, this glossary is designed to cater to a wide range of readers – from developers and data engineers to managers and the curious looking to explore the transformative impact of Big Data in their fields.

13 Discover the Complete Collection "Artificial Intelligence and the Power of Data" – An Invitation to Transform Your Career and Knowledge.

The "Artificial Intelligence and the Power of Data" Collection was created for those who want not only to understand Artificial Intelligence (AI), but also to apply it strategically and practically.

In a series of carefully crafted volumes, I unravel complex concepts in a clear and accessible manner, ensuring the reader has a thorough understanding of AI and its impact on modern societies.

No matter your level of familiarity with the topic, this collection turns the difficult into the didactic, the theoretical into the applicable, and the technical into something powerful for your career.

13.1 Why buy this collection?

We are living through an unprecedented technological revolution, where AI is the driving force in areas such as medicine, finance, education, government, and entertainment.

The collection "Artificial Intelligence and the Power of Data" dives deep into all these sectors, with practical examples and reflections that go far beyond traditional concepts.

You'll find both the technical expertise and the ethical and social implications of AI encouraging you to see this technology not just as a tool, but as a true agent of transformation.

Each volume is a fundamental piece of this innovative puzzle: from machine learning to data governance and from ethics to practical application.

With the guidance of an experienced author who combines academic research with years of hands-on practice, this collection is more than a set of books – it's an indispensable guide for anyone looking to navigate and excel in this burgeoning field.

13.2 Target Audience of this Collection?

This collection is for everyone who wants to play a prominent role in the age of AI:

- ✓ Tech Professionals: Receive deep technical insights to expand their skills.

- ✓ Students and the Curious: have access to clear explanations that facilitate the understanding of the complex universe of AI.

- ✓ Managers, business leaders, and policymakers will also benefit from the strategic vision on AI, which is essential for making well-informed decisions.

- ✓ Professionals in Career Transition: Professionals in career transition or interested in specializing in AI will find here complete material to build their learning trajectory.

13.3 Much More Than Technique – A Complete Transformation.

This collection is not just a series of technical books; It is a tool for intellectual and professional growth.

With it, you go far beyond theory: each volume invites you to a deep reflection on the future of humanity in a world where machines and algorithms are increasingly present.

This is your invitation to master the knowledge that will define the future and become part of the transformation that Artificial Intelligence brings to the world.

Be a leader in your industry, master the skills the market demands, and prepare for the future with the "Artificial Intelligence and the Power of Data" collection.

This is not just a purchase; It is a decisive investment in your learning and professional development journey.

14 The Books of the Collection.

14.1 Data, Information and Knowledge in the era of Artificial Intelligence.

This book essentially explores the theoretical and practical foundations of Artificial Intelligence, from data collection to its transformation into intelligence. It focuses primarily on machine learning, AI training, and neural networks.

14.2 From Data to Gold: How to Turn Information into Wisdom in the Age of AI.

This book offers a critical analysis on the evolution of Artificial Intelligence, from raw data to the creation of artificial wisdom, integrating neural networks, deep learning, and knowledge modeling.

It presents practical examples in health, finance, and education, and addresses ethical and technical challenges.

14.3 Challenges and Limitations of Data in AI.

The book offers an in-depth analysis of the role of data in the development of AI exploring topics such as quality, bias, privacy, security, and scalability with practical case studies in healthcare, finance, and public safety.

14.4   Historical Data in Databases for AI: Structures, Preservation, and Purge.

This book investigates how historical data management is essential to the success of AI projects. It addresses the relevance of ISO standards to ensure quality and safety, in addition to analyzing trends and innovations in data processing.

14.5   Controlled Vocabulary for Data Dictionary: A Complete Guide.

This comprehensive guide explores the advantages and challenges of implementing controlled vocabularies in the context of AI and information science. With a detailed approach, it covers everything from the naming of data elements to the interactions between semantics and cognition.

14.6   Data Curation and Management for the Age of AI.

This book presents advanced strategies for transforming raw data into valuable insights, with a focus on meticulous curation and efficient data management. In addition to technical solutions, it addresses ethical and legal issues, empowering the reader to face the complex challenges of information.

14.7   Information Architecture.

The book addresses data management in the digital age, combining theory and practice to create efficient and scalable AI systems, with insights into modeling and ethical and legal challenges.

14.8 Fundamentals: The Essentials of Mastering Artificial Intelligence.

An essential work for anyone who wants to master the key concepts of AI, with an accessible approach and practical examples. The book explores innovations such as Machine Learning and Natural Language Processing, as well as ethical and legal challenges, and offers a clear view of the impact of AI on various industries.

14.9 LLMS - Large-Scale Language Models.

This essential guide helps you understand the revolution of Large-Scale Language Models (LLMs) in AI.

The book explores the evolution of GPTs and the latest innovations in human-computer interaction, offering practical insights into their impact on industries such as healthcare, education, and finance.

14.10 Machine Learning: Fundamentals and Advances.

This book offers a comprehensive overview of supervised and unsupervised algorithms, deep neural networks, and federated learning. In addition to addressing issues of ethics and explainability of models.

14.11 Inside Synthetic Minds.

This book reveals how these 'synthetic minds' are redefining creativity, work, and human interactions. This work presents a detailed analysis of the challenges and opportunities provided by these technologies, exploring their profound impact on society.

14.12 The Issue of Copyright.

This book invites the reader to explore the future of creativity in a world where human-machine collaboration is a reality, addressing questions about authorship, originality, and intellectual property in the age of generative AIs.

14.13   1121 Questions and Answers: From Basic to Complex – Part 1 to 4.

Organized into four volumes, these questions serve as essential practical guides to mastering key AI concepts.

Part 1 addresses information, data, geoprocessing, the evolution of artificial intelligence, its historical milestones and basic concepts.

Part 2 delves into complex concepts such as machine learning, natural language processing, computer vision, robotics, and decision algorithms.

Part 3 addresses issues such as data privacy, work automation, and the impact of large-scale language models (LLMs).

Part 4 explores the central role of data in the age of artificial intelligence, delving into the fundamentals of AI and its applications in areas such as mental health, government, and anti-corruption.

14.14   The Definitive Glossary of Artificial Intelligence.

This glossary presents more than a thousand artificial intelligence concepts clearly explained, covering topics such as Machine Learning, Natural Language Processing, Computer Vision, and AI Ethics.

- Part 1 contemplates concepts starting with the letters A to D.

- Part 2 contemplates concepts initiated by the letters E to M.

- Part 3 contemplates concepts starting with the letters N to Z.

14.15   Prompt Engineering - Volumes 1 to 6.

This collection covers all the fundamentals of prompt engineering, providing a complete foundation for professional development.

With a rich variety of prompts for areas such as leadership, digital marketing, and information technology, it offers practical examples to improve clarity, decision-making, and gain valuable insights.

The volumes cover the following subjects:

- Volume 1: Fundamentals. Structuring Concepts and History of Prompt Engineering.

- Volume 2: Security and Privacy in AI.

- Volume 3: Language Models, Tokenization, and Training Methods.

- Volume 4: How to Ask Right Questions.

- Volume 5: Case Studies and Errors.

- Volume 6: The Best Prompts.

14.16   Guide to Being a Prompt Engineer – Volumes 1 and 2.

The collection explores the advanced fundamentals and skills required to be a successful prompt engineer, highlighting the benefits, risks, and the critical role this role plays in the development of artificial intelligence.

Volume 1 covers crafting effective prompts, while Volume 2 is a guide to understanding and applying the fundamentals of Prompt Engineering.

14.17 Data Governance with AI – Volumes 1 to 3.

Find out how to implement effective data governance with this comprehensive collection. Offering practical guidance, this collection covers everything from data architecture and organization to protection and quality assurance, providing a complete view to transform data into strategic assets.

Volume 1 addresses practices and regulations. Volume 2 explores in depth the processes, techniques, and best practices for conducting effective audits on data models. Volume 3 is your definitive guide to deploying data governance with AI.

14.18 Algorithm Governance.

This book looks at the impact of algorithms on society, exploring their foundations and addressing ethical and regulatory issues. It addresses transparency, accountability, and bias, with practical solutions for auditing and monitoring algorithms in sectors such as finance, health, and education.

14.19 From IT Professional to AI Expert: The Ultimate Guide to a Successful Career Transition.

For Information Technology professionals, the transition to AI represents a unique opportunity to enhance skills and contribute to the development of innovative solutions that shape the future.

In this book, we investigate the reasons for making this transition, the essential skills, the best learning path, and the prospects for the future of the IT job market.

14.20 Intelligent Leadership with AI: Transform Your Team and Drive Results.

This book reveals how artificial intelligence can revolutionize team management and maximize organizational performance.

By combining traditional leadership techniques with AI-powered insights, such as predictive analytics-based leadership, you'll learn how to optimize processes, make more strategic decisions, and create more efficient and engaged teams.

14.21   Impacts and Transformations: Complete Collection.

This collection offers a comprehensive and multifaceted analysis of the transformations brought about by Artificial Intelligence in contemporary society.

- Volume 1: Challenges and Solutions in the Detection of Texts Generated by Artificial Intelligence.
- Volume 2: The Age of Filter Bubbles. Artificial Intelligence and the Illusion of Freedom.
- Volume 3: Content Creation with AI - How to Do It?
- Volume 4: The Singularity Is Closer Than You Think.
- Volume 5: Human Stupidity versus Artificial Intelligence.
- Volume 6: The Age of Stupidity! A Cult of Stupidity?
- Volume 7: Autonomy in Motion: The Intelligent Vehicle Revolution.
- Volume 8: Poiesis and Creativity with AI.
- Volume 9: Perfect Duo: AI + Automation.
- Volume 10: Who Holds the Power of Data?

14.22   Big Data with AI: Complete Collection.

The collection covers everything from the technological fundamentals and architecture of Big Data to the administration and glossary of essential technical terms.

The collection also discusses the future of humanity's relationship with the enormous volume of data generated in the databases of training in Big Data structuring.

- Volume 1: Fundamentals.
- Volume 2: Architecture.

- Volume 3: Implementation.
- Volume 4: Administration.
- Volume 5: Essential Themes and Definitions.
- Volume 6: Data Warehouse, Big Data, and AI.

15 Sobre el autor.

Soy Marcus Pinto, más conocido como el Prof. Marcão, especialista en tecnologías de la información, arquitectura de la información e inteligencia artificial.

Con más de cuatro décadas de dedicado trabajo e investigación, he construido una sólida y reconocida trayectoria, siempre enfocada en hacer accesible y aplicable el conocimiento técnico a todos aquellos que buscan comprender y destacarse en este campo transformador.

Mi experiencia abarca la consultoría estratégica, la educación y la autoría, así como un amplio desempeño como analista de arquitectura de información.

Esta experiencia me permite ofrecer soluciones innovadoras adaptadas a las necesidades en constante evolución del mercado tecnológico, anticipándome a las tendencias y creando puentes entre el conocimiento técnico y el impacto práctico.

A lo largo de los años, he desarrollado una experiencia completa y profunda en datos, inteligencia artificial y gobernanza de la información, áreas que se han vuelto esenciales para construir sistemas robustos y seguros capaces de manejar el gran volumen de datos que da forma al mundo actual.

Mi colección de libros, disponible en Amazon, refleja esta experiencia, abordando temas como la gobernanza de datos, el Big Data y la inteligencia artificial con un claro enfoque en aplicaciones prácticas y visión estratégica.

Autor de más de 150 libros, investigo el impacto de la inteligencia artificial en múltiples ámbitos, explorando desde sus bases técnicas hasta las cuestiones éticas que se vuelven cada vez más urgentes con la adopción de esta tecnología a gran escala.

En mis conferencias y mentorías, comparto no solo el valor de la IA, sino también los desafíos y responsabilidades que conlleva su implementación, elementos que considero esenciales para una adopción ética y consciente.

Creo que la evolución tecnológica es un camino inevitable. Mis libros son una propuesta de guía en este camino, que ofrece una visión profunda y accesible para aquellos que quieren no solo comprender, sino dominar las tecnologías del futuro.

Con un enfoque en la educación y el desarrollo humano, los invito a unirse a mí en este viaje transformador, explorando las posibilidades y los desafíos que esta era digital nos tiene reservados.

16 Cómo contactar al Prof. Marcão.

16.1 Para conferencias, formación y mentoring empresarial.

marcao.tecno@gmail.com

16.2 Prof. Marcão, en Linkedin.

https://bit.ly/linkedin_profmarcao